キミが信頼されないのは話が『ズレてる』だけなんだ

横山信弘

すばる舎

はじめに

会話のズレに、皆悩んでいる！

「会話の途中で遮られる」

「指示があいまいで、どうしていいかわからない」

「話をしていると、『アレッ？』という顔をされる」

「言われた通りにしたのに『ちゃんと話を聞いてる？』と言われる」


これらは、２００～３００人が集まるオンラインセミナーで、

「職場でストレスを感じることは何か？」

と尋ねたとき、若手社員から上がってきた主なコメントだ。

一方、組織マネジャーからは、以下の3つ。

「聞く姿勢がなっていない」

「枝葉の話にすり替えられる」

「認識のズレが多い」


いかがだろう。思い当たることはあるだろうか。

若手からベテランまで、寄せられた悩みの圧倒的多数が「会話のズレ」に関することなのだ。


たしかに「ズレ」の問題は深刻だ。職場の会話がズレてしまうと、日頃の業務にも支障が出る。

それが、お客様との会話で起きれば、なおさら問題は大きくなる。お互いの信頼関係にヒビが入り、成果を出すことは到底望めない。

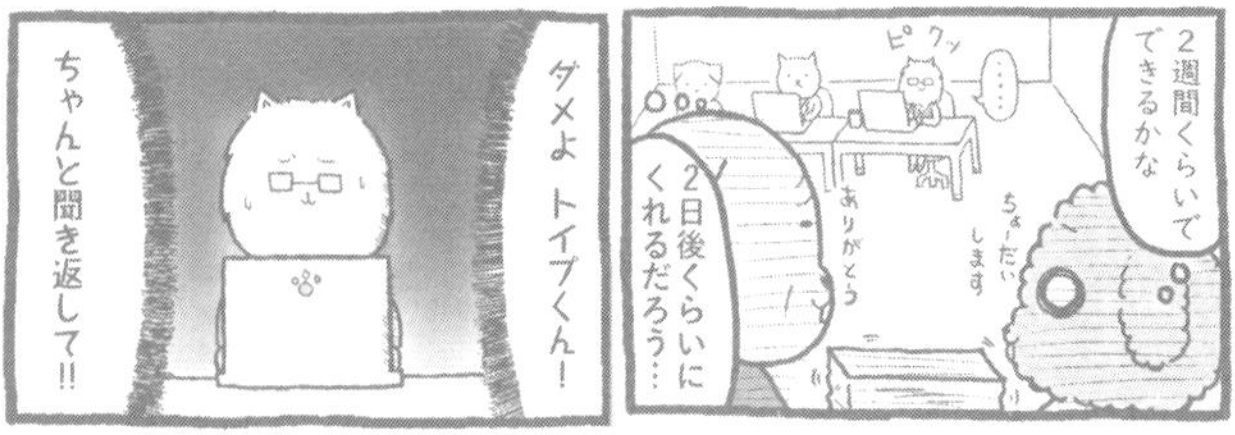

会話がズレる原因は？

それでは、どうしたらいいのだろうか？

解決策は、シンプルだ。「確認グセ」「話し方」「質問の方法」を学べばいい。いずれもスグできて効果的だ。

会話がズレる原因はさまざまある。**主な原因は、相手がぼんやりと話すからだ。**「前提」を省略したり、あいまいな表現を使うせいで、返事もズレてしまうのだ。

だからこそ、**有用なのが「確認すること」である。**

ひと言確認するだけで、話の焦点が絞られ、何に対して、どう返事をすればいいのかがわかるのだ。これにより、「的外れ」な返事をすることはなくなる。

この他、長々と話して脱線したり、聞きもらしや思い込みのために

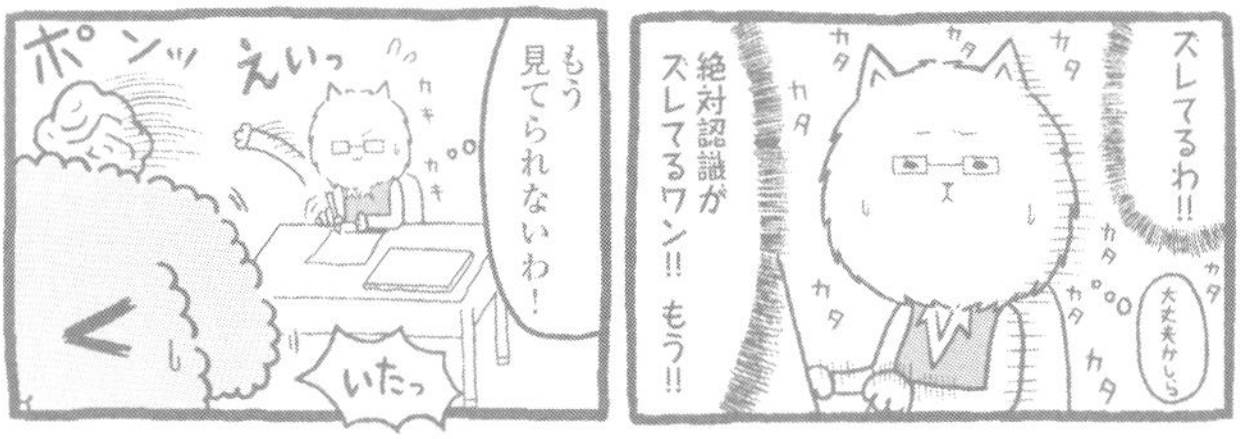

「ズレた返事」をしたりしてしまう人もいるだろう。こうした人には本書の「聞き方」をオススメする。

認められて、成果も出やすくなる！

いずれも肝は「確認」である。「確認のタイミング」を知り、話し方をちょっと見直せば、話がズレることはなくなる。

トークスキルを磨くより、はるかにカンタンで、実践しやすい。

本書では、スグできて効果が出やすい「42の方法」を紹介している。

いずれも、長年コンサルタントの現場で使い、お客様と瞬時に信頼関係を結んだり、本音を引き出したりするうえで、有用なコミュニケーションスキルをベースにしている。

本書で紹介するコツを身につければ、日々の会話ストレスがグンと

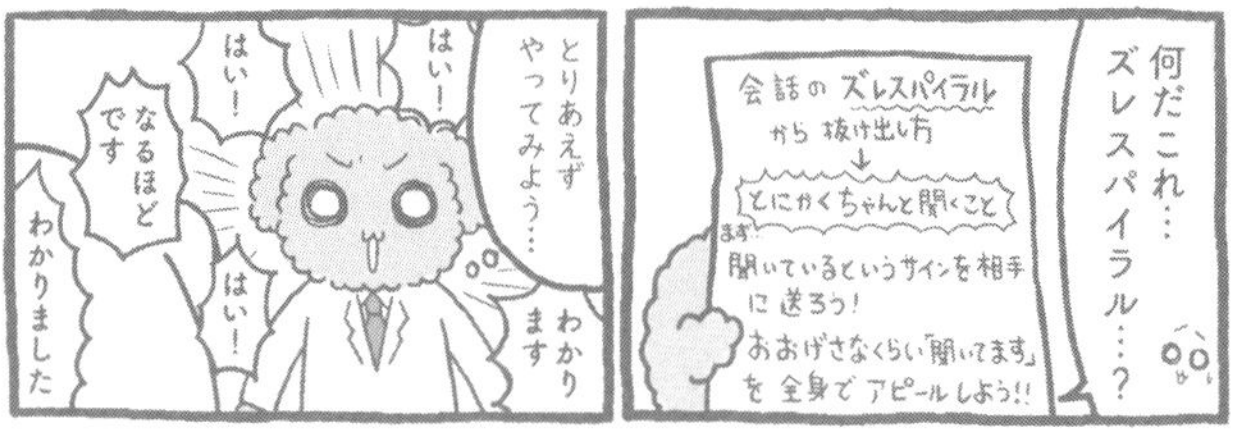

減ることは間違いない。

話がズレて「わかってないな」と思われる状態から一転して、**「わかってるね！」と言われるようになり、仕事がサクサク進み出す。**

職場の人間関係が俄然良くなり、**お客様から「キミには、つい本音を話しちゃうな」と言われるようになる。**

さらにキーパーソンや重要な人物からも、絶大な信頼を勝ち取れるようになるはずだ。

本書は、これから社会人になる人はもちろん、仕事で活躍中の人や転職しようと考えている人に役立つ内容になっている。

さあ、本を開いて、「ズレ」をなくすスキルを身につけていこう。

2023年3月

横山信弘

目次

キミが信頼されないのは
話が「ズレてる」
だけなんだ

1章

知らぬ間に、信頼を失っていた!?

こんな話し方、していませんか？

2章

まずは「相手の話」「指示」をちゃんと聞く

この「聞き方」で、返事がズレない

3章

「認識のズレ」をなくす

この「確認」が必要だった！

4章

話が長く、脱線しやすい人は

もっと丁寧に話そう

5章

「わかってるね！」と評価が上がる

「ダメな質問」「すべき質問」はコレだ！

6章

キーパーソン、重要な人から信頼を勝ち取れる！

ひとつ上の話し方

装丁　小口翔平＋嵩あかり（tobufune）
漫画　りゃんよ
レイアウト・図版作成　草田みかん

〝10秒〟でデキる！〈会話のズレ度・チェック〉

相手から信頼されているかどうか。それを見極めるには、相手の口グセに注意することだ。

たとえば、次のようなことを言われていたら要注意。

「わかってない」というレッテルを貼られているかもしれない。

- □「あの件、どうなった？」と確認される
- □「ちゃんと話聞いてる？」と心配される
- □「それは自分で聞いてくれないか」と、相手から避けられる
- □「ま、それはおいといて……」と、話している途中で遮られる
- □「がんばってるのは認めるけど」と言われ、なかなか評価してもらえない

1つでも当てはまる場合は、日ごろから話がズレているかもしれない。

すぐにでもズレを補正していこう。

1章

知らぬ間に、信頼を失っていた!?

こんな話し方、していませんか?

わんわんカンパニー
チュン…
チュン…
先日のアンケートで新商品が「良くない」という意見がたくさんありました
なのでそこをしっかりと改善していこうということで…
しーーん
だから良くないのはどこなんだ?
…
しっかりってつまり何だよ…
あぁあれ?みなさんどうしました?
この子…何でズレてるかわかってないわね

1 知らぬ間に、話がズレている!?

話がズレると、会話を続ける気がしない

一生懸命に返事をしているのに、相手の反応がイマイチ悪い。

「アレッ？」という顔をされたり、「キミとは話が噛み合わないな」と言われたり。

ときには避けられたり、話を途中で遮られたり、意見を聞いてもらえない、なんてことも……。


そんな経験がある人は、注意しよう。

相手と会話が噛み合っていないのだ。確実に。

会話は相手あってのものだから、仮に話がズレてしまったとしても、それほど悩む必要はない。あなただけの責任ではないからだ。

「ズレを防止する方法」はちゃんとある！

とはいえ、そのまま放置していると「わかってないな～」と相手に思われたりして、

信頼を失ってしまうこともあるのだ。
だから、なぜ話がズレるのか。どうしたらズレなくなるのか。その対策方法をしっかりと頭に入れよう。

大丈夫、話のズレを修正するのはそれほど難しいことではない。
コツを押さえれば誰でもすぐに実践できるので、是非試してほしい。
今日から、「キミはわかってるね！」と信頼される人に生まれ変われるはずだ。

CHECK
ズレた話し方をしていると、信頼を失ってしまう

2 話が噛み合わない「2つの理由」

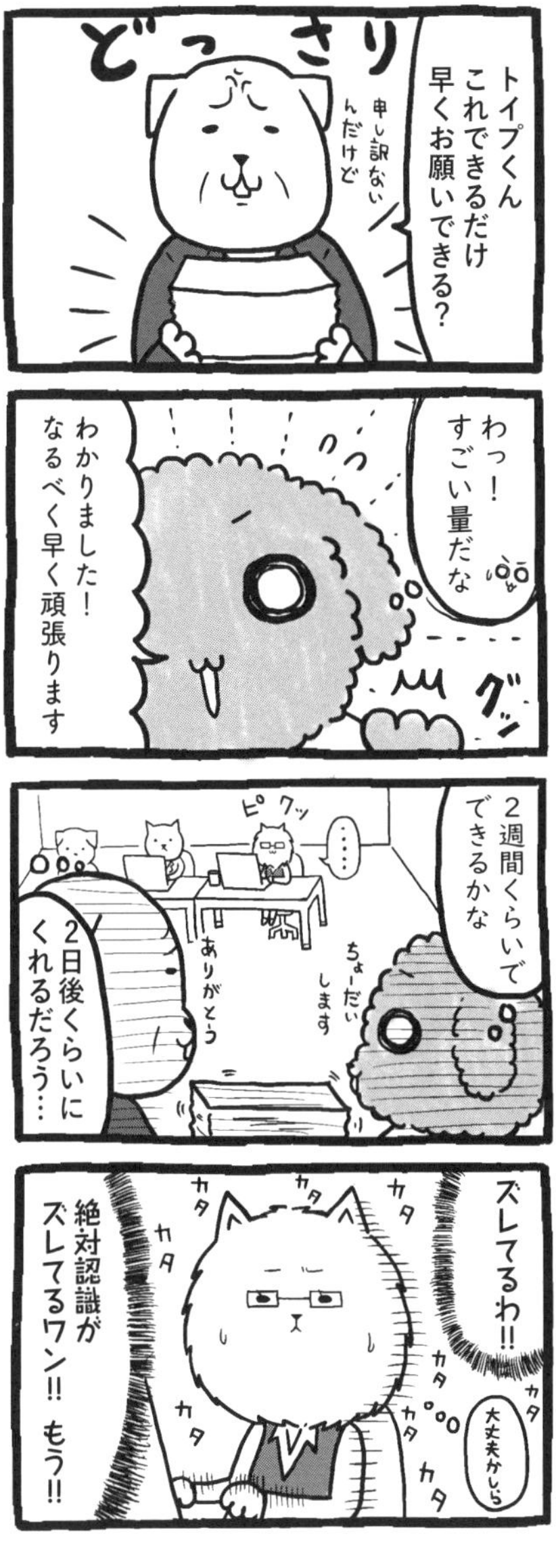

的外れな会話は、こうして生まれる

会話が噛み合わない一番大きな理由は、どちらかが「ぼんやり」とした話し方をするからだ。あいまいな表現、抽象的な言葉を使ってコミュニケーションをしていると必ず話はズレてくる。

視界がぼやけて、的外れな会話をしてしまうものだ。

たとえば上司から、

「徹底しよう」

「積極的にいこう」

「この調子でいい」

などと言われたことはないだろうか？

言われた瞬間は気づかなくても、後で「具体的にどうしたらいいかわからない」と思った人も多いはず。

お客様から

「当社に合った提案を」

「できる限り早くお願い」

「決め手に欠けるなあ」

と言われても、どこに焦点を合わせればいいかわからない人が大半だろう。

このように、相手の言い方が「ぼんやり」していると、聞いている側の頭はクリアにならない。

また、人は言葉を省略する。この「省略」も侮れない。話がズレる二番目に大きな理由だ。省略されることで、知っておくべきことがはっきりしないまま、こちらも、わかった気になってしまう。こうして会話の溝は広がっていくのである。

CHECK
あいまいな表現、言葉の省略がズレをもたらす

3
ズレを生む「3つのパターン」とは？

ズレの原因を知り、手を打とう

話のズレを補正するには、その原因となる3つのパターンを覚えておこう。

そのパターンとは次の3つである。

①反射
②思い込み
③知識不足

では、それぞれについて見ていこう。

①反射

反射とは、相手の話を聞いたあと反射的に答えてしまうことだ。あなたも経験はあるだろう。

「なるはやでお願いね」と言われたら「わかりました！」と反射的に答えてしまう。

「わかった？」と聞かれたら「わかりました！」と反射的に答えてしまう。

いずれも反射的に口にしてしまうので、確認するタイミングを失ってしまうのだ。

だからこそ、一度立ち止まってほしい。本当に「わかりました！」と威勢よく言っていいのかと。

繰り返すが、人は「ぼんやり」と話す生き物だ。「省略」して話す人も多い。おそらく99％の人が、言うべきことを伝え切れていない。患者への説明義務がある医師でさえも「１００％伝えきれない」と言っているぐらいなのだから。

以上のことから、

「相手の指示は、あいまいではないか？」

「言い足りないことはないか？」

と考えて、会話のズレを回避していこう。

⬇〈2章・3章〉で解説しています。

②思い込み

思い込みがあると、どうしても認識のズレが生じてしまう。では反射のケースと何が違うのか、比べてみよう。

反射のケースは、こうだ。

「仕事に役立つ勉強をしてほしい」

「わかりました。そうします」

「ところで仕事に役立つ勉強って何かわかる？」

「あ、いや。実はわかってません。教えてください」


反射のケースだと、話し手も聞き手もすぐ気づくことが多い。「ズレた返事」をしたと本人もわかっているからだ。

一方、**思い込みのケースは、話し手が確認してもズレを直せない。**


「仕事に役立つ勉強をしてほしい」

「わかりました。そうします」

「ところで仕事に役立つ勉強って何かわかる？」

「もちろん、わかってます」


聞き手が思い込んでいるせいで、認識がズレていたとしてもその場ではわからない。

だから聞き手が確認しないと、なかなか認識のズレを補正できない。

自分が正しく理解していることを、「丁寧に話すクセ」をつける。そうすることで、いつも会話が成立するようになるはずだ。

➡〈4章〉で解説しています。

③知識不足

知識不足は厄介だ。知識がないと、そもそも聞き取ることが難しい。聞き間違えてしまうと、補正することもできない。

以前「このプロジェクトにアサインしてもらえませんか」とお客様に言われ、社内の「浅井さん」に連絡した新人がいた。「アサイン」の意味がわからなかったから「浅井さんという方をプロジェクトに呼べ」と聞き間違えたのだ。

このように聞き間違いをすると、確認しようがない。

基本的なビジネス用語、業界用語は覚えるべきだが、それだけでは足りない。知識不足、情報不足を補うには、やはり「質問力」が物を言う。

日ごろから効果的な質問をするクセを身につければ、何も怖くない。

⬇〈5章〉で解説しています。

CHECK

〈反射〉〈思い込み〉〈知識不足〉に気づき、対処しよう

4 1分でズレを直す！「ズレリセット」3カ条

まずは、これを習慣化しよう！

会話が噛み合わない3つのパターンを理解できたら、どのようにズレを補正するのか。本章でも詳しく紹介するが、ここでは即効でできる「ズレリセット」3カ条を紹介する。

①その場で確認！

ズレ補正でいちばんカンタンで効き目があるのは、その場で「確認する」ことだ。「とりあえずやってみます」「いったん取り掛かってみます」と言って「持ち帰るクセ」はやめて、その場での確認を習慣化しよう。

②具体化しよう！

確認するときは、数字と固有名詞を意識する。ついつい「つもりでした」「もっと具体的に言ってくれたら」と不満を覚える人は、この2つを意識して質問と確認をしてみるといい。

③常識はメモろう!

まだその職場に慣れない時期であれば、世間の常識、その業界、職場独特の文化を知らないもの。

事前に覚えておくことは重要だが、限界がある。なので逐一メモをとって覚えるようにしよう。

CHECK

「3カ条の徹底」で、的外れな対応や認識のズレをなくせる

2章

まずは「相手の話」「指示」をちゃんと聞く

この「聞き方」で、返事がズレない

1
「ズレた返事」をする原因とは？

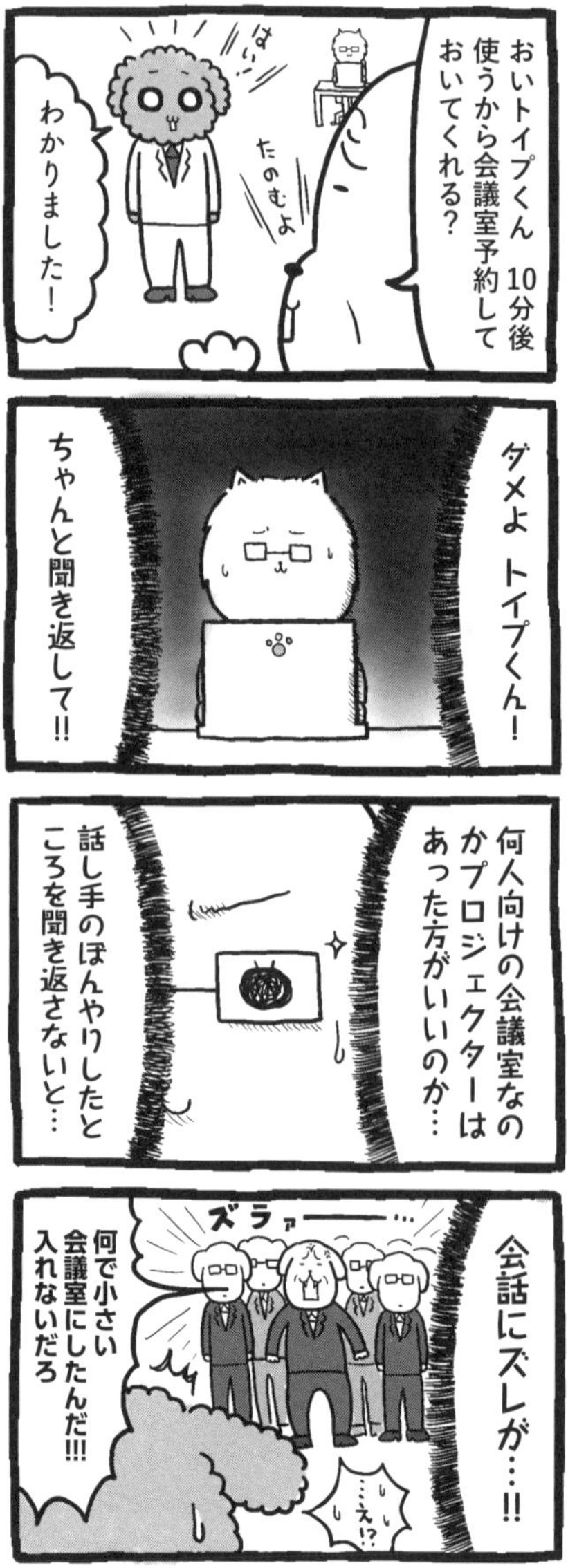

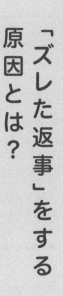

ぼんやりした話し方をする人が大半！

会話がズレる最大の原因は、相手がぼんやりと話すからだ。「前提」を省略したり、あいまいな表現を使うせいである。これはしっかりと押さえておきたい。

次の例文を読んでほしい。


「提案書、頼むよ」

「提案書ですか？　どこから持ってくればいいでしょうか？」

「いや、作ってほしいんだ」

「私が作るんですか？」

「今までの話を聞いてたら、わかるだろう」


このように上司に注意されたことはないだろうか。会話がズレてるというより、返事がズレている。

「ズレた返事」をすると、だいたい
「誰がそんなこと言った？」
「ちゃんと私の話を聞いてる？」
と注意される。

こちらとしては、
「それなら『提案書を作ってくれ』とハッキリ言ってくれればいいのに」
と反論したくなるのだが、それもできない。相手が上司だったり、お客様であればなおさらだ。こちらが謝らなければならないケースも出てくるだろう。

さらに、たとえ「提案書を作ってくれ」と言われても、それだけでは具体的にどうしたらいいかわからないケースも多い。

「ズレた返事」をする理由

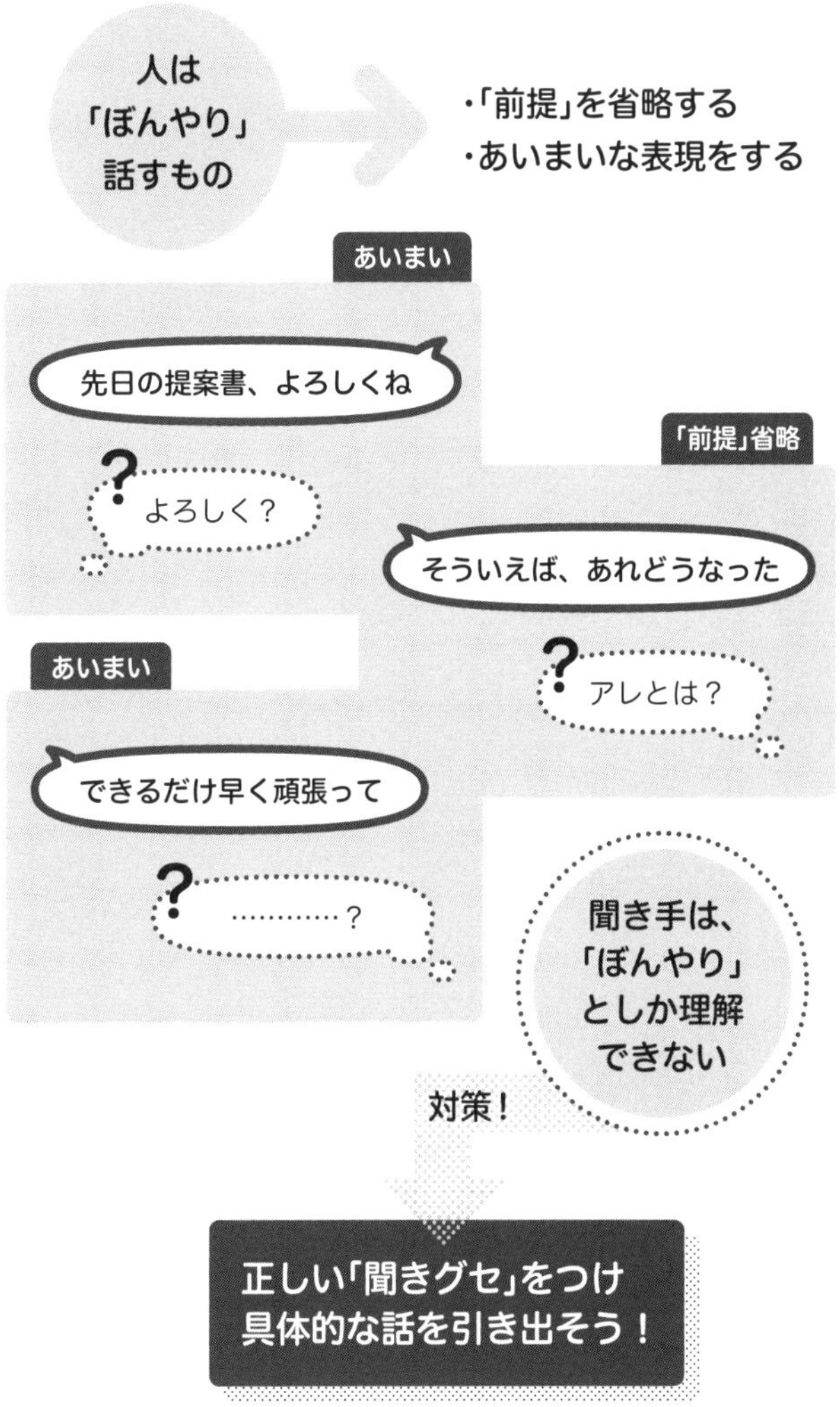
人は「ぼんやり」話すもの
・「前提」を省略する
・あいまいな表現をする
あいまい
先日の提案書、よろしくね
よろしく？
「前提」省略
そういえば、あれどうなった
アレとは？
あいまい
できるだけ早く頑張って
…………？
聞き手は、「ぼんやり」としか理解できない
対策！
正しい「聞きグセ」をつけ
具体的な話を引き出そう！

次の会話文を読んでほしい。

「できるだけ早く資料を作ってほしい。先日の会議議事録を参考にして。何かわからないことがあったら聞いて」

こんなふうに頼まれても、いつまでに何をすればいいかよくわからない。

だから、ついつい、

「今週は忙しいので、来週にやります」

みたいな「ズレた返事」をしてしまう。すると当然、

「ちゃんと話を聞いてた？　できるだけ早くって言ったよね。明日の朝までに作ってよ」

と言われてしまうのだ。**相手が「ぼんやり」話すものだから「ぼんやり」としか理解できないのは当然なのだが。**

上司がしっかり説明しない理由

関係ができていなかったり、いつも相手から避けられているようだと、さらに要注意だ。**態度が悪いと「ぼんやり」どころか、ちゃんと話してくれなくなる可能性もある。**

上司と一緒にお客様と商談し、

「それでは、提案書をお待ちしています」

とお客様から言われたとする。

上司がにこやかに
「かしこまりました。お任せください」

と応えたとしよう。

てっきり上司が提案書を作るものと思っていたら、帰り際に、

「わかってると思うけど、君が提案書を作るんだぞ。頼むな」

と言われたらどうか。

「え？　私がですか？」と「ズレた返事」をしてしまう。

「当たり前だろ。何しに一緒に来たんだ」

このように言われたら大変だ。どのような提案書を作ったらいいのか、まったくわからない。

聞き方を変えてみよう

なぜこうなるのか？

理由は一つだけだ。「聞き方」に問題があるからだ。

「聞いてないな」と思われたら、相手は話す気がなくなる。相手の性格によっては「仕事をなめてるな」「懲らしめたい」という感情さえわくこともある。

会議中の態度を見ていて、明らかに「聞いてない」という部下がいたら、

「議事録、書いといてくれよ」

「会議の内容を参考に資料を作ってくれ」
と言われるかもしれない。

お客様との商談中もそうだ。帯同してきているのに発言もせず、お客様の話も聞いてないと思われたら、
「お前が提案書を作れ」
と言われてしまう。

だから「聞きグセ」は大事だ。正しい「聞きグセ」をつけることで、相手はきちんと話してくれるようになるからだ。

CHECK
聞き方次第で、より具体的に説明してもらえるようになる

2 会話の「ズレスパイラル」を抜け出そう

会話の「ズレスパイラル」とは？

正しい「聞きグセ」を身につけよう。そうすることで、会話の「ズレスパイラル」から抜け出せるようになる。

会話の「ズレスパイラル」とは、次のように回転する。

・「聞く姿勢」がなっていない
↓相手は「早く話を終わらせたい」と思う
・話がズレる
↓信頼をなくす
・さらに相手がきちんと話してくれなくなる
↓さらに会話がズレる
↓さらに信頼をなくす……この繰り返し

これではお互いストレスを抱えたまま仕事をすることになる。相手がお客様だったら、取引関係にも傷がついてしまう。

誠実に聞けば、ちゃんと話してくれる

しかし、正しい「聞きグセ」を身につければ、このスパイラルからはすぐに抜け出せるだろう。

・「正しい姿勢」で聞く
↓相手が具体的に話してくれる
・話がズレなくなる
↓信頼される
・相手が積極的に話してくれる
↓会話がすぐに成立する
↓さらに信頼される……この繰り返し

こういうスパイラルになると、お互いストレスを抱えることはない。スムーズに仕事が運ぶだろう。

だから、ちゃんとした「聞きグセ」を身につけよう。

「聞いてるつもりです」

と主張しても通らない。**慣れないうちは、少し大げさなぐらいに「聞いてます！」と体全身からオーラを放つのだ。**

「そこまで前のめりにならなくてもいいよ」

と相手が苦笑するぐらいで、ちょうどいい。

CHECK

正しい聞きグセを身につけ、話のズレを防止しよう

3 座り方が9割！

よし
次はこれよ
ポンッ
えいっ
カキ
カキ
いたっ
なになに…
「ちゃんと聞いてる感を出す座り方」
フムフム
・膝を相手に向けて座る
・椅子は浅めに座る…か
トイプ
ちょっといいか?
急ぎ
聞きたいことが…
トイプ…
くるっ
はい 何でしょうか?
なんかすごい聞いてくれてる…!! お前

「膝」に意識を向けて座る

「あのさ、話、聞いてる？」

「え、聞いてますよ」

「もういい！」

「え、ちょっと待ってください」


ちゃんと話を聞いてるのに、「聞いてるのか？」と言われたことはないだろうか。上司なら指摘してくれるだろうが、お客様だったら、何も言ってくれないだろう。ただ話す気がなくなって、途中で切り上げようとするに決まっている。

このように、聞いているにもかかわらず「聞いていない」という印象を与えてしまったり、「ズレた返事」をしてしまうことはよくある。

マナー研修の講師が必ず指導するのは「座り方」だ。

基本は「膝」。「膝」を相手に向けて座ることだ。顔や目を相手に向けるのは当たり前だが、体が別の方向を向いていてはいけない。

顔や目の向きに意識を向けず、「膝」に注意を向ける。

「膝」が相手のほうを向いていれば、体も顔も相手のほうを向く。座っているときは、必ず「膝」に意識を向けて聞くようにしよう。

この姿勢で、会話の主導権を握れる

背もたれにどっかり体をあずけて人の話を聞くのはやめよう。映画を見ているわけではないのだから。

記者が芸能人やプロアスリートにインタビューするのをイメージしたらいい。椅子には少し浅めに座る。すると自然と前のめりになる。

椅子に浅めに座って相手に「膝」を向ける。そうすると姿勢もよくなるはずだ。まさに「聞く姿勢がいい」と思われる。雰囲気作りが成功すれば、相手はいつも以上に話す気になるだろう。

「実るほど頭の下がる稲穂かな」という有名な言葉がある。地位の高い人ほど偉ぶったりせず、謙虚な姿勢であるものだ。

聞く姿勢をとることで、会話の主導権を握ることができる。 このことは、忘れないでおこう。

CHECK

膝を相手に向け、椅子は浅めに座ろう

4 プロコーチの「聞きグセ」をまねる

バックトラッキングは有効な方法！

「提案書を作ってくれ」

「提案書ですか？　どこから持ってくればいいでしょうか？」

「誰もそんなこと言ってない！　作るんだよ」

「誰がですか？」

「君だよ！」


文章で読むと「？」と思われるかもしれない。なぜ、こんな「ズレた返事」をするのか、と。しかし耳で聴いていると、けっこう「聞き間違い」はするものだ。

「聞き間違い」や「認識違い」を防ぐには、声を出すクセを身につけたい。

基本技術は「バックトラッキング」。いわゆるオウム返しである。さりげなくやれば相手は気にならない。

カウンセラー、ビジネスコーチの間では定番のテクニック。

「明日の4時までに頼むよ」

「明日の4時までですね。かしこまりました」

このように、相手が言ったことをそのまま加工することなくオウム返しする。冒頭の会話なら、

「提案書を作ってくれ」

「提案書を作るんですね？　かしこまりました」となる。

機械が動くのを見て指を差し、「ヨシ！」と声を出してからスイッチを入れる。このような安全確認の動作を**「指差呼称」**と呼ぶ。

そんなことイチイチしなくても、見ればわかるじゃないかと思うかもしれない。

しかし「指差呼称」することでヒューマンエラーが6分の1まで減ると言われているのだ。

復唱することで、話が明確になっていく

だから、このように声に出して復唱（バックトラッキング）することは、面倒でもやるべきだ。

「先日いただいた見積書の内容なんだけど、変更してくれませんか？」

「え、何か問題がありましたか？」

ではなく、

「先日いただいた見積書の内容なんだけど、変更してくれませんか？」

「先日お渡しした見積書の内容を変更してほしいということですね？ 何か問題がありましたか？」

このようにバックトラッキングするのだ。

すると、相手自身が「ぼんやり」話していたことに気づく。復唱されることで、自分が話したことを客観視できるからだ。

「あ、いや。変更してほしいといっても、見積書のフォーマットの話です」

「見積書のフォーマットを変更してほしいということですね？」

「そうそう」

このようにバックトラッキングするクセをつければ「ズレた返事」をすることは、大幅に減ることだろう。

ぜひ試してほしい。

ちなみに、このバックトラッキングには次の2つの効用がある。

・聞き間違いを防ぐ

・聞いているというサインを送る

バックトラッキングは準備する必要がなく、クセづけするだけでいい。いつでも、誰とでも瞬時にできるように慣れておこう。

CHECK

声に出して復唱することで、「ズレた返事」は激減する

5

「トン・トン・ターン！」のリズムで話そう

相手をのせるリズムは
リアクションこそ相手の話してくれるモチベーションになる
相手をのせるリアクションリズムは
トン・トン・ターン
はい
なるほど
へー！
トン・トン・ターンか
ト
ン
企画書を頼みたいんだ
わかりました！
ト
ン
今回は大型犬用のドッグフードで頼む
大型犬用ですね
了解です
ターーン！
最近大型犬で肥満が増えてるんだよ
そうなんですね　大型犬で肥満が増えてるんですね

リアクションが弱い人は要注意！

「この企画書を作ってほしいんだよね」
「あ、はい」
「先週の会議でテーマになったコスト削減に関する企画書だ」
「……」
「新しい部長がコストのことを厳しく言ってくるんだよ」
「わかりました」
「……じゃ、頼んだよ」

このようにリアクションがイマイチだと、相手は話す気を失ってしまう。

相手が細かいところまで話してくれることで、「会話のズレ」は最小限になる。その
ためには聞き方がとても重要だ。

「ズレた返事」をすることもなくなる。

相手をノセるリズムがある

ポイントはリアクションである。リアクションをしっかりすることで、相手の気持ちはノッてくるものだ。コンサート会場でも、お客様が盛り上がっていれば、アーティストのテンションも最高潮にノッてくる。

リアクションは、リアクションの量で考えた場合、以下の3つに分類される。

・多すぎる
・ちょうどいい
・少なすぎる

少なすぎると、相手の気持ちはノッてこない。コンサート会場で手拍子や声援が少ないケースを想像してみよう。そんな空気感なら、早めに話を切り上げようという気持ちになるものだ。

多すぎても困る。しっとりした歌を歌っているのに手拍子や声援が続くケースを想像してみよう。何事もメリハリが重要だ。

返事は「トン・トン・ターン！」のリズムで

では、どうすればいいのか。小さい頷き、大きな頷きを適度に交ぜるといい。そして**相手をノせるためのリズムも意識しよう。**リアクションもリズムを大事にするのだ。**リズムは、「トン・トン・ターン！」と覚えたらいい。**

「この企画書を作ってほしいんだよね」

「わかりました。この企画書ですね」⬇ トン

「先週の会議でテーマになったコスト削減に関する企画書だ」

「コスト削減に関する企画書なんですね」➡トン

「そう。新しい部長がコストのことを厳しく言ってくるんだよ」

「ああ～！　新しい部長が言ってくるんですね。コスト削減について」➡ターン！

「そうなんだよ～」

これが、「トン・トン・ターン！」のリズムだ。

声の調子や表情も「トン・トン・ターン！」で変える。そうすることで、相手のテンションは上がり、ドンドン話してくれるようになる。

CHECK

復唱するとき、リズムを意識して言ってみよう

6 リアクションは、「3S」+「あいうえお」

「ターン！」のときに、相手をほめよう

リアクションは「トン・トン・ターン！」のリズムが大事だ。

「へえ」
「なるほど」
「それ、すごいですね！」

とリズミカルにリアクションする。**この「トン・トン・ターン！」の「ターン！」のときに「3S」を使うと相手はノッてくるだろう。「さすがですね」「すごいですね」「すばらしいですね」この「3S」だ。**

しかし雑談のときならともかく、会話のズレをなくすためのリアクションとしては、少々大げさなときもある。

そこで、次の「あいうえお」を覚えてみよう。もっと使いやすいはずだ。

「あ〜」

「いいですね〜」

「うーん」

「え!?」

「おお〜」

この5つ。

声に出す必要はない。心の中で唱えるだけで、表情は変わってくる。表情もリアクションの1つだ。声に出すより、顔でリアクションすることも意識しよう。

CHECK

明るい表情で相づちを打てば、話がはずむ

7
「本気のリスニング習慣」でうまくいく!

説明を正しく聞き取るのは難しい

「どうして先週の金曜日、書類を整理せずに帰ったんだ」

「え？　書類の整理ってロッカーのですよね？」

「ロッカーだけじゃないよ。職場のすべての棚が対象だよ」

「え！　そうなんですか？」

「ちゃんと聞いてなかったのか」

「いや、聞いてたつもりなんですけど……」

「君以外のメンバーは、全員残って書類の整理をやってたよ」


ちゃんと聞いていたはずなのに、こんな「ズレた返事」をした経験はないだろうか？

前述した通り**「聞き間違い」があると「ズレた返事」をすることになる。**

だからバックトラッキング（オウム返し）は役立つのだが、バックトラッキングが使

えるのは、基本的に「1対1」で会話しているときだけ。

大勢の前で誰かに説明を受けているときに、いちいち復唱することなどできない。それに、長い説明をされると「聞き間違い」ではなく「聞きもらし」が多くなる。

早とちりしやすい人はこうする！

それでは、どうすればいいいか？

一語一句もらさないようしっかりと聞く。これしかない。

同じ聞くでも「hear」と「listen」は異なる。

自然と耳に入ってくるのが「hear」で、意識して聞くのが「listen」だ。聞きもらしが多い人は、無意識のうちに「hear」の姿勢で話を聞いている可能性がある。

まさに、私がそうだ。早とちりが多い。印象的な単語を耳にすると、意識がそっちに飛んでしまい、聞きもらすことが多くなるのだ。

「明日の金曜日、書類の整理をしてもらう。悪いが1時間ほど残業してくれ」

（へえ、書類の整理か）

「けっこうロッカーに書類を置きっぱなしにしてる人いるだろ、アレはダメだよ」

（ああ、ロッカーに自分も書類を入れてるよ）

「対象は職場のすべての棚だ。大変だけど、頼むな」

（そういえば、ロッカーの中にお客様の情報も残ってるよ。シュレッダーにかけたほうがいいかなあ）


このように、最後まで話を聞かずに考えを巡らせてしまう人は要注意だ。しっかりと意識しなければ、大事なことを聞きもらしてしまう。

だから英語のリスニングテストを受けている気分で、話を聞こう。その気分を持つだ

けで、ずいぶんと違う。もしも聞き逃したら、

「今のところ、もう一度言ってもらえませんか？　申し訳ありません！」

と、あとで質問できるからだ。

このように、リスニングテストを受けている気分で、相手の話を注意深く聞くこと。そうすることで「ズレた返事」をしないで済むようになるはずだ。

CHECK

テストを受ける気持ちで聞けば、一言一句を大切に聞ける

3章

「認識のズレ」をなくす

この「確認」が必要だった！

1 〝対人関係〟で気をつけたいこと

悪くしないためのコミュニケーション方法がある

対人関係を考える場合、絶対に気をつけなければならないことは、

「悪くしないこと」

である。どうしたら対人関係が良くなるのかを考える前に、悪くならないように気をつけよう。


では対人関係を悪くする原因は何か？

もちろん原因はコミュニケーションにある。子どもならともかく、相手の容姿や性格が原因で、関係がぎこちなくなることはまずないからだ。

きちんと会話が成立し、

「あの人はよくわかってる」

と思われたら関係が悪くなることはない。

では、関係を悪くさせないコミュニケーション技術とは何か？
それが「確認」だ。

人は省略して話す生き物だし、とくにベテラン社員は「相手もわかっているだろう」と思いながら話すことが多い。

だから**「確認ゼロ」で会話は成立しない。**ズレまくることになる。

本章は「確認」に関するいろいろな秘訣を紹介する。対人関係を良くするためにも、ぜひ活用してもらいたい。

CHECK

「確認」することで、話のズレを防止できる

2

「わかった?」と言われない「確認」のコツ

「わかりました！」と即答してはいけない

会話が成立するかどうかは「確認」が9割だ。

そもそも日常会話において「伝え方」を鍛えている人は、ほとんどいない。1割もいないはずだ。だから「話し手」の言い分が「聞き手」に伝わることは100％ないと考えよう。

これが大前提である。

したがって、

「わかった？」

「わかりました」

という会話は間違っている。

何も確認せず、「わかりました」と言った瞬間に、会話は成立していないのだ。

「わかってないな〜」と相手に思われてもしかたがない。

というか、そもそも相手に「わかった？」と言われてはいけないのだ。

相手から確認される前に、こちらから確認するのが礼儀である。

「明日の4時までですね？」

「部長に伝えればいいですね？」

それぐらい確認は「クセ」にしなくてはいけない。

CHECK
むやみに即答せず、確認したほうが相手も安心する

3 ピントが合う「2つの質問」

とにかくわかりやすい資料をたのむよ
「わかりやすい」とは具体的にどのようなことでしょうか？
あぁ　たとえば図表を入れたり　データを盛り込んだりしてくれ
はい、100点
かしこまりました
とにかくわかりやすい資料をたのむよ
わかりました！
字を大きくして見やすくしよーっと♪
ちょ
大丈夫!?
ガンバるぞー

2つの言葉を投げかけよう

相手が「ぼんやり」話す人なら、聞き手はみずから「ピント」を合わせる必要がある。会話がピンボケしていると後で責められるのは聞き手のほうだ。

ピントの合わせ方の定番は次の2つ。
「具体的には?」
「たとえば?」

会話例を紹介しよう。まずは「具体的に?」から。

「企画書をわかりやすく書いて」
「わかりやすく書くんですね。ところで、わかりやすくというのは、**具体的にどういうことでしょうか?**」

もしイメージがわくのなら、「たとえば」を使って確認する。

「わかりやすくというのは、具体的にどういうことでしょうか？　たとえば図表を用いて書くということでしょうか？」

このように確認すれば、認識のズレはなくなる。

「そうそう。図表をうまく使ってくれ」

もしくは、

「そこまでしなくていい。箇条書きをうまく使ってくれ」

と相手のほうからピントを合わせてくれるだろう。

このように「具体的に？」「たとえば？」の2つを口グセのようにして確認しよう。

CHECK

「具体的には？」「たとえば？」と問いかける

4 コレで「的外れ」がゼロになる

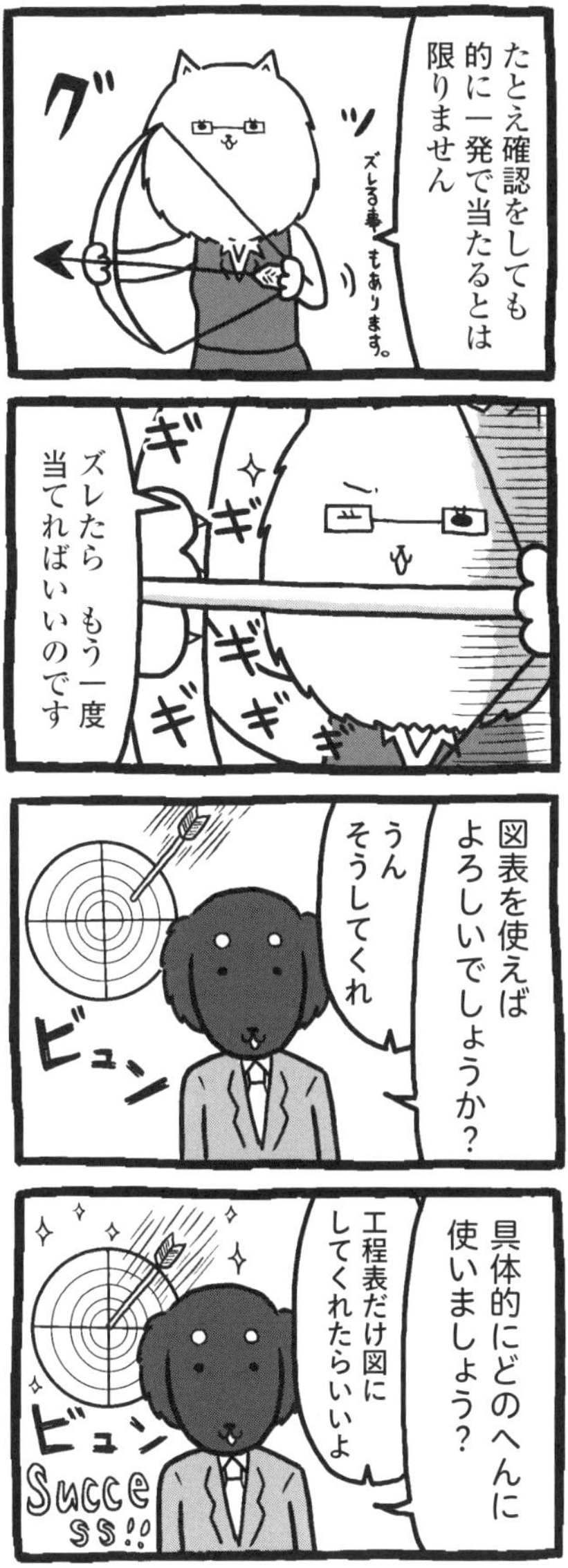

話が明確になるまで、確認しよう

「具体的には？」

「たとえば？」

を使って確認したにもかかわらず、的外れな仕事をすることがある。そうすると、

「わかってないな～」

と相手に思われてしまう。


なぜちゃんと確認したのに、まだピントがズレていることがあるのだろうか。それは1回で「的」に当たるとは限らないからだ。


的に向かって矢を放っても、一発で当たることは少ない。

「もう少し右か」と思えば右に。そしてまた矢を放って、右に行きすぎたら

「もうちょっと左か」と修正していかなくてはならない。

つまり、確認は1回で終わることは少ない、と覚えておこう。

「たとえば図表を用いて書くということでしょうか?」

「そうそう。図表をうまく使ってくれ」

「わかりました」

このように1回確認したからといって安心してはいけない。図表を使えばいいことはわかったが、まだ「ぼんやり」としている。だから、さらに確認するのだ。

「図表を使ってわかりやすく企画書を書きますが、**もう少し具体的に教えてもらえませんか?**」

また「具体的に?」と質問するのだ。すると、

「工程表だけ図にしてくれたらいいよ。それ以外は文章でいいから」

と相手は詳しく教えてくれるだろう。

何度も何度も確認すると、迷惑なんじゃないかと思いがちだ。しかし、そんなことはない。「丁寧な仕事をしようという気持ちのあらわれだ」と思われるから、ちゃんとわかるまで確認しよう。

CHECK

何度も丁寧に確認する姿勢は、評価につながる

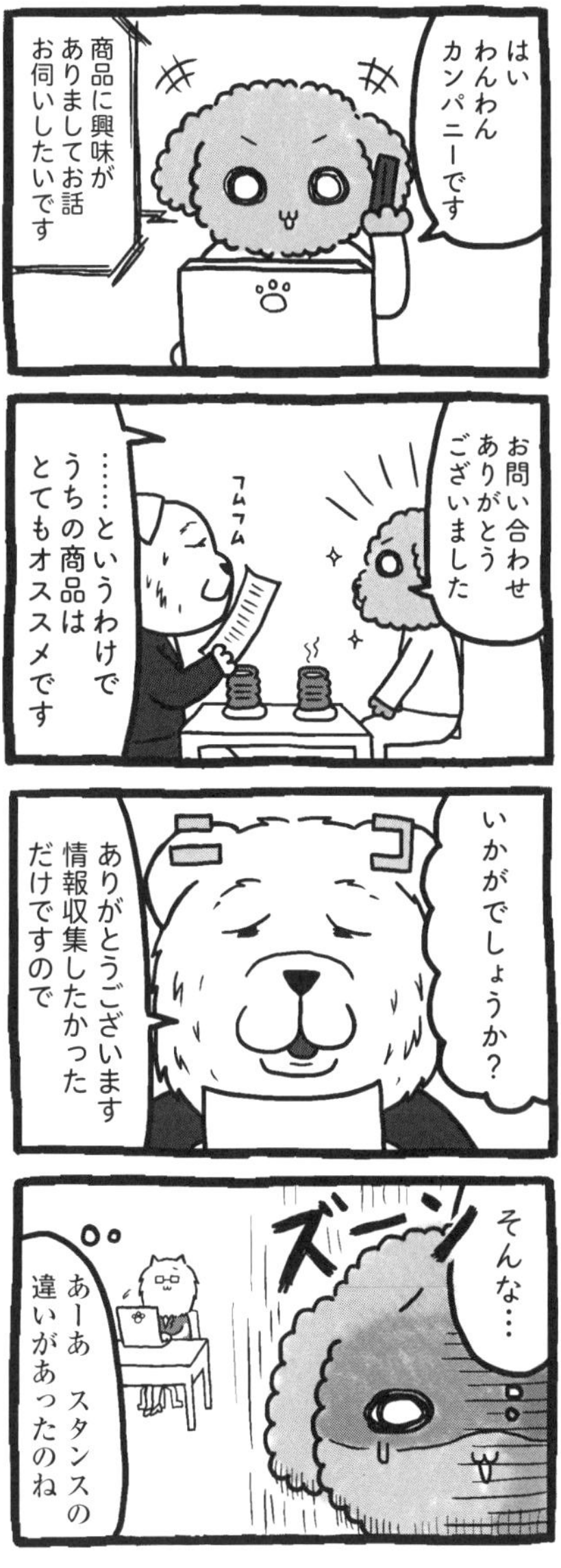

5 スタンスを合わせよう

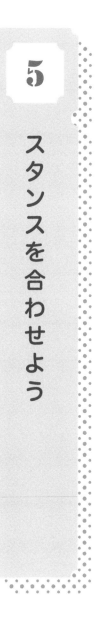

営業が絶対にしてはいけないこと

会話を成立させるうえで私が最も重要視しているのは「スタンス」だ。

スタンスが合っていなければ、最初からズレまくった会話をすることになる。だからスタンスこそが、会話を成立させるための大前提である。

たとえば、営業とお客様との会話で考えてみよう。

お客様が情報収集するつもりで営業を呼んだとする。しかし、営業から具体的な提案を受けたら、お客様はどう反応するだろうか?

「当社の製品は他社に負けない魅力を持っています。ぜひご検討ください」

「いやいや、私は情報収集したかっただけです」

「え？　情報収集ですか？」

「はい。はじめからそういうつもりでしたが」

売る気満々でお客様を訪問した営業は、さぞかしガッカリすることだろう。だが仕方がない。事前にスタンスを確認していないから、

・お客様→情報収集するつもり
・営業→製品を売るつもり

このようなスタンスのまま、お互い会話をはじめてしまった。

事前にお客様のスタンスを確認しよう

したがって、「御社の製品に興味があるので、一度、営業さんからお話をお伺いしたい」とお客様から電話がかかってきても、

「わかりました」

とだけ答えてはいけない。**「どういうつもり」**なのか、その時点で確認するのだ。

「当社の製品に興味がある、ということですね？　ありがとうございます。ぜひとも具体的なご提案をさせていただきたいのですが、よいでしょうか？」

このように確認するのだ。そうすれば、お客様は自分のスタンス――つまり「どういうつもり」で営業を呼ぼうとしたのか、具体的に言ってくれるに違いない。

「いいえ。そんなつもりで電話したんじゃありません。単に情報収集したいだけなんです」

「そうでしたか。現在は情報収集の段階なのですね？　それでは、どのような情報をお届けしたらよいですか？」

「どんな製品ラインナップがあるかと、さらに他社との比較表もあると嬉しいです」

「製品ラインナップと他社との比較表ですね？　他にもいくつかパンフレットやカタログをお持ちいたしましょうか？」

「そうしてもらえると嬉しいです」

このように、しっかり確認作業をすることで、お互い「そんなつもりじゃなかった」と受け止める事態は回避できる。

日常生活においても同様だ。このようなスタンスの違いでズレた会話をすることはよくある。

他愛もない雑談をするつもりでいたのに、相手が真剣に問題を解決しようとしたり、マジメに相談するつもりだったのに、ジョークだと受け止められてしまったり。

スタンスが合わないことで会話がずれ、知らぬ間に信頼を失ってしまうことがある。だから常に忘れないようにしよう。相手は「どういうつもり」で自分と会話しようとしているのかを。

CHECK

スタンスを確認しておけば、「そんなつもりじゃなかった」を回避できる

6 常備したい！2つのグッズ

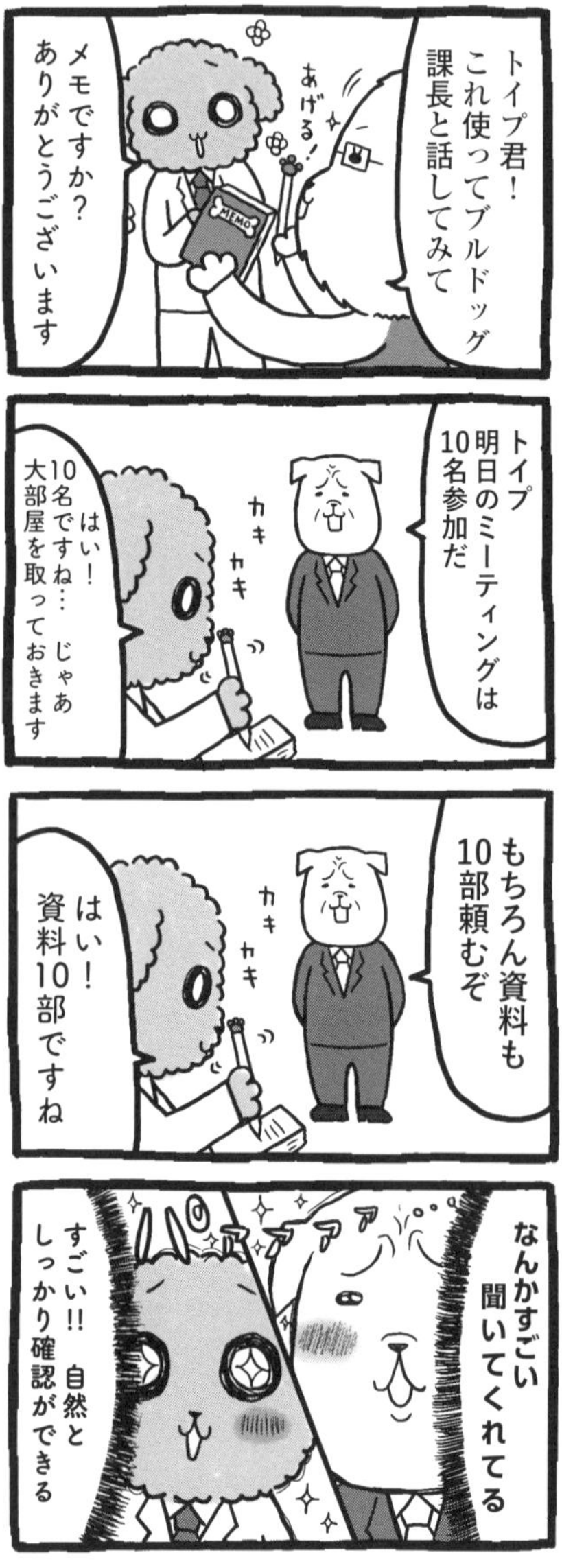

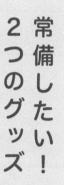

電話対応するつもりでメモする

「確認グセ」をつけるうえで、**常備しておきたいのはメモとペンだ。**相手の話を聞いているときはメモをとるクセをつけよう。そうすると、自然と確認できるようになる。

電話対応と考えたら、わかりやすい。

電話で何らかのお問い合わせがあったとする。その対応をするとき、メモもせずに話を聞く人はほとんどいない。

誰もが反射的にメモを取り、ペンを走らせるはずだ。**このように誰かと話をする際は、電話対応と同じスタンスでメモをとろう。**自然と「確認グセ」がつく。

どんなメモがいいか？

スピード感が重要なので、紙のメモをオススメする。スマホやパソコンだと機動性に優れないし、相手が受ける印象もマチマチだ。

「メモをとるなら紙でしょ」と思う人もいる。

機能的かどうかではなく、**相手が話したくなるような姿勢を見せることも大事だ。**

紙とペンでメモをとる姿を見ていたら、ついついスイッチが入っていろいろと話してしまう――。こういう人もいるからだ。

ポケットに入るサイズのメモ帳や付箋紙でいい。ペンとともに、いつも常備しておこう。

このように「確認グセ」は「メモグセ」とセットで考える。**メモをとって話を聞くことで、自然と確認グセが身につくようになる。**

CHECK
紙とペンを常備し、「メモグセ」をつけよう

7
「メモパフォーマンス」で、相手が前のめりになる！

「ちょっとメモしていいですか？」は殺し文句

メモを使ったパフォーマンスも覚えるといい。これは応用技だ。これらのパフォーマンスをすることで、相手が前のめりになって話をはじめる可能性が高い。

気持ちよく話してもらうためのメモパフォーマンスとして、まず紹介したいのが、メモを取り始めるときのフレーズだ。

上司やお客様が重要な話をはじめたら、

「ちょっとメモしていいですか？」
とあえて聞く。

さりげなくメモを取ったほうがいいケースもあるが、相手が経営者や幹部だったら、

「私の話を重要だと思ってくれてるのだな」

と受け止めるだろう。まるで芸能人に取材をする記者のような態度をとれば相手は姿勢を正す。**相手の自尊心を高める効果もある。**だからあえて、

「ちょっとメモしていいですか？」

と断ってからメモを取り出し、準備が整ったら、

「それでは、どうぞ」

と言ってみるのもいい。

「聞き逃したので、もう一度、言ってもらえませんか？」

相手が話す内容を、一語一句メモすることは難しい。走り書きしても、全部はムリだ。なので、大事なことを聞き逃すことも多い。

しかし、焦ってはいけない。

聞き逃したなと思ったら「チャンス」と受け止めるぐらいの余裕を持とう。そして、**「聞き逃したので、もう一度言ってもらえませんか？」**

と質問するのだ。

それを聞いて「ちゃんと聞いてなかったのか」と不平を言う人がいるだろうか。答えはノーだ。

私は経営者だし、コンサルタントだ。職業柄、私がメモを取るより、メモを取られることのほうが圧倒的に多い。

その際、敏腕記者や、できるビジネスパーソンほど、

「今のところ、もう一度言っていただけませんか？」

「重要な箇所を聞き逃したかもしれません。組織改革では……のあと、もう一度お聞かせください」

と聞いてくる。

このように言われると、相手にわかりやすく、聞きやすいペースで、さらに詳しく話そうとしてしまうものだ。

相手を「乗せる」ためにも、とても効果的なメモパフォーマンスである。

メモした内容を「後追いメール」する

メモをとったら、その内容をメールで送るのも常套手段だ。とくに営業であれば、この「ひと手間」が大きな効果を生んでいく。

かたい表現は使わなくていい。例を示そう。

今回は、以下の3つを押さえたうえで提案書を作成します。
もし認識にズレがありましたら教えていただけたら嬉しいです。
・商品の特徴と、納品後のフォローを重点的に記します。

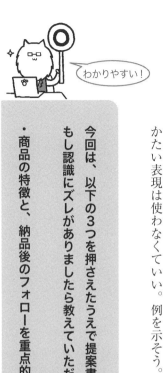

・**提案書と見積書は分けて作成します。**
・**6月21日（金）の午前中までにメールでお送りします。**

ポイントは「体言止め」の箇条書きはしないことにある。

・商品の特徴と、納品後のフォローの記入
・提案書と見積書は分けて作成
・6月21日（金）の午前中までにメール送付

このように箇条書きで体言止めを使うと、文章がわかりづらくなる。だから名詞化することなく、**きちんと動詞を書こう。**そのほうが書くほうも、読むほうもストレスがかからない。

その場でメモをとり、「後追いメール」を送る。このクセがつけば、かなり上級だ。

CHECK

メモする姿勢や、後追いメールで、好感度が上がる

8

「雑相《ざっそう》グセ」で、確認忘れを挽回できる

3日前の件についてお聞きしたいんですけど
すいません…
おいおい　今さら何だ？大丈夫か？
あ…ヤバイ　あれ確認し忘れちゃった
うっかり
あ　課長！昨日はありがとうございました
あぁ　久々楽しかったな
ところで相談したいことがあるんですけど3日前の件ですが…
おー　なんだなんだ
すごい！
相談するフリをして確認する〝雑相〟だわ!!

「確認忘れ」の対処法

「確認グセ」は大事だが、「確認忘れ」は誰でもあるもの。ただし、そのまま放置しておくのは絶対によくない。

そこで「確認忘れ」したときの対処法を簡単に説明する。**ポイントは「相談」だ。「確認」ではなく「相談」してみるのだ。**

少し時間が経ってから「アレって何でしたっけ？」とは聞きにくい。

たとえば上司から「顧客リストを作ってくれ」と言われたが、その場で詳しく確認せずに3日が過ぎてしまい、どんなリストを作ったらいいのかわからなかったとしよう。

そうした場合、

「そもそも、どんな顧客リストを作ればいいんでしたっけ？」
とは聞けない。
「おいおい。3日過ぎてから聞いてくるなよ！」
と叱られる可能性がある。**だから「相談」するかのように確認するのである。**

「先日の顧客リストについて相談したいことがあります」

「おお、どうした？」

「どのように絞り込んだらいいのか、悩んでいます」

「北関東のお客様で絞り込んだらいいよ。50件もないだろ？」

「どういうキーワードで絞り込むんですか？」

「ああ、北関東の県名でOR検索するといい」

「なるほど！　わかりました。ありがとうございます」

「確認させてください」と言うと、「今さら何だ?」と思われる。
一方、「相談させてください」と言えば、手を動かしたあとに聞いてきたと思うから、すんなりと話にのってくれるのだ。

聞きづらいときのための「雑相《ざっそう》」とは?

しかし、時間が経ってから確認するのは少し勇気がいる。たとえ相談というスタイルに変えたとしてもだ。

そこで使えるのが「雑相《ざっそう》」だ。雑談を持ち掛けて、相手といい雰囲気を作ってから相談するのである。

「先日の飲み会は楽しかったですね」
「ああ、久しぶりに盛り上がったな」

「商談での失敗エピソードは特に面白かったです」

「おいおい、忘れてくれよ」

「ところで来週の提案について相談があるんです」

「どうした。何でも聞いてよ」


雑談でいったん空気を温めておくと、相談しやすくなる。そして相談と言いながら確認するのだ。

そのほうがスムーズに認識合わせができる。

CHECK
雑談をもちかけて、場を温めてから相談してみる

9 「ちなみに作戦」は便利なワザ

どうしよ… 書類整理頼まれたけど 日付順かな名前順かな
細かすぎて確認するの気が引けるな…
困ったプ
大丈夫よトイプ
カキカキ
えいっ
ポンッ
いてっ
「ちなみに」か〜
「ちなみに」作戦
細かいことを 聞くときは
まず大ざっぱなことをきく
↓
「ちなみに これは…」
と 確認してみよう!
なるほど
書類整理って明日までですよね?
そうだよ
ちなみに日付順にしますか名前順にしますか
名前順で
できた!

細かい点を確認しても嫌がられない方法とは？

細かいことを確認するときは、気が引けるものだ。

「そんな細かいことまでイチイチ確認してくるなよ」

と言われかねないからだ。しかし、イチイチ確認しなければいけないときもある。


「課長に書類をどの順で並べたらいいか確認してよ」

「そんな細かいことまで課長は気にしないよ」

「課長はよくても、部長が気にするから」

「え、そうなの……」


こういうシチュエーション、誰でも経験したことがあるはずだ。

そこで細かいことを確認する「ちなみに作戦」を紹介する。


細かいことを確認するときは、すでに確認するまでもないことを確認してから、

「ちなみに、これはどうなんでしょう？」と確認すればいい。そうすることで、意外とすんなり「これは、こうだよ」と教えてくれる。

「課長、書類整理は夕方の5時までに終わらせればいいですよね？」

「そうそう」

「書類は、Aの棚に置けばいいですよね？」

「そうだよ」

「ちなみに、書類はお客様の名前順に並べたほうがいいですか？」

「え？　日付順にしておいて」

「わかりました。日付の新しい順で並べたらいいですか？」

「いや、古い順で並べてよ」

「わかりました。書類は古い順に左から並べます」

このように、**いきなり細かいことを聞くのではなく、大ざっぱなところから聞くのがコツだ。**

「確認」は意外と深い。

深いが、それほどコミュニケーション技術が必要なことではない。

「確認グセ」さえ身につければ、あらゆる対人関係は改善するだろう。悪くなることはないはずだ。

CHECK

大ざっぱなことを尋ねながら、核心に迫るのがミソ

4章

話が長く、脱線しやすい人は

もっと丁寧に話そう

1 誤解を生む話し方とは？

思いつきで話すと、話はあいまいになる

会話が噛み合わないのは、ぼんやり話すからだ。霧がかかったようなあいまいな感じで話すため、相手はどこにたどり着いたらいいか迷う。


「最近、残業がとても多いようだが、どうしたんだ？」

「いろいろと忙しいんです」

「いろいろって、どういう仕事があるんだ？」

「たとえば、営業企画部から依頼される仕事とか」

「営業企画部から？　そんなに？」

「いや、それほどではないんですが」

「営業企画から依頼される仕事って、具体的に何？」


などと、**何度も確認してくれる人ならいい。しかしそうでないなら、自分なりの解釈**

でやってしまうものだ。そうすると誤解が誤解を生むこともある。

「君、うちの営業企画部から仕事がいっぱい来て長時間残業してるそうだな」

「え？　どういうことですか？」

「君の上司から聞いたよ」

「イベントの資料作成を手伝いました」

「そんなもん、1時間ぐらいで終わるだろ」

「営業企画部の仕事で残業が増えたなんて言った覚えはありませんが……」

「いろいろと忙しいんです」などと、**思いついたことを、何となくぼんやりと話すもの**

だから、このような誤解を生むのだ。

CHECK

思いつきで話して、相手を困らせていないか振り返ろう

2 基本は、「漏れなく」「細かく」

話をするときの基本は
それほど難しい
ことじゃないわ
カタ
カタ
カタ
ただ〝丁寧〟に話すこと
「漏れなく」「細かく」を
意識したら
それでもう十分なの
ズズ…
フゥ。。。
あぁぁ すいません!
いろいろ忙しくて!!
はぅ〜
…
何だ! いろいろって!!
トイプの話は
漏れすぎで雑すぎね…
やれやれ

雑な話し方をしていないか？

私は10年以上、「話し方」に関する企業研修をしている。

多くの人は流ちょうに話したい、相手を魅了するような話し方ができるようになりたいと思って研修を受けに来る。

しかし残念ながら、多くの人は基本ができていない。


基本とは何か？

「丁寧に話すこと」だ。


流ちょうでなくてもいいし、会話がはずまなくてもいい。

「きれいに書かなくてもいいから、字を丁寧に書きなさい」と学校の先生に教えられた人も多いはず。それと同じだ。話すときも、丁寧に話すのだ。

丁寧とは、雑ではなく念入りなこと。だから、

「いろいろと忙しいんです」

という言い方は雑だ。もっと丁寧に、念入りに話そう。

「大きいのは、新しいプロジェクトが2つ同時に入ってきたことです。どちらも不慣れなので準備に時間がかかっています」

このように話せば、相手が勝手な解釈をすることはない。

丁寧に話すためには、「漏れなく」「細かく」を意識していこう。

CHECK
「漏れなく」「細かく」をやりすぎるぐらいで、ちょうど良い

3 最後までハッキリ「話し切る」

遠慮しすぎると、言うべきことは伝わらない

「あの、先ほど会議で出た顧客アンケートですが……」

「あれは俺が作っておくよ」

「いえ、そうではなくて、お客様には……」

「お客様にも、俺が渡しておくよ」

「いや、その、お客様にそのアンケートを送っていいか、その」

「何が言いたいの？」

意外と多いのが、最後までハッキリ言わない話し方だ。日本人はセンテンスの最後に述語を置く習慣がある。主語と述語が遠いだけでもわかりづらくなるのに、その最後の述語を言わず、相手に委ねてしまう人も多い。

「Nさん、資料をメールでお送りしましたので、**チェックしてもらえませんか？**」

と言うべきところを、

「Nさん、資料をメールでお送りしましたので……」

で終えてしまう人がいる。もっとヒドイのは、コレだ。

「Nさん、資料をメールでお送りしました」

「チェックしてください」を省略して断定すると、最後の述語を委ねられたことも相手に伝わらない。これでは、とても雑だ。もっと丁寧に話そう。

相手に依頼するときは、自分のした行動だけで終えてはいけない。**相手に何をしてもらいたいか、相手目線で話し切ることが大事だ。**

「評価シートを記入しました」ではなく、

「評価シートを記入しましたので、**見てもらえませんか**」**のほうが良い。**

さらに細かく話すなら、

「評価シートを記入しましたので、明日の夕方4時までに見てもらえませんか」

と話せば丁寧だ。「漏れなく」「細かく」話したことになる。念入りに最後まで話し切ろう。

CHECK

頼みごとは具体的に表現しよう

4 ぼんやり表現を「4W2H」で分解する

「頑張ります」では伝わらない

「積極的に新規開拓するって言ってたのに、まるで積極的じゃないよね？」

「え、自分なりに積極的にやってるつもりです」

「どこが積極的なの？」

「そんなこと、言われても……」


「ぼんやり話す」人の特徴は、形容詞、副詞をそのまま加工せずに使う。とくに宣言するときは気をつけよう。


「徹底してやっていきます」

「積極的にやります」

「自分なりに頑張ります」

と言えば、気持ちが入っているように聞こえる。しかし、相手が期待した通りでないと、突っ込まれる可能性が高くなる。

「徹底して片づけると言ったのに、できてないじゃないか」

「全力で当社を支援すると言ってたのに、これじゃあ話になりませんよ」

形容詞や副詞は便利だが、そのまま使うと「ぼんやり」としか伝わらない。雑談ならともかく、ビジネスの現場ではピントがズレた話し方になる。

「4W2H」で話すとわかりやすい

そこで「4W2H」で分解してみよう。以下の6つの疑問詞で問いかければいい。

・いつ（When）
・誰（Who）

・何（What）
・どこ（Where）
・どのように（How）
・どれぐらい（How many）

「徹底して片づけます」ではなく、

「Hさんと Kさんと2人で、12階フロアの職場にある段ボールの中身をすべて出して、要らないものをM主任に確認して処分します。必要なものは11階フロアの倉庫に持っていきます」

このように、誰、何、どこ、どのように、を細かく話せば誤解されなくても済む。

お客様に対しても、

「御社を全力で支援します」

とだけ言うと、相手もぼんやりと期待するので、少しでも行き違いがあると、「話が違うじゃないか」と思ってしまう。だからこそ、

「御社のコスト削減プロジェクトのために、当社は9月末までの間、4つの部署に対し、2回ずつ勉強会を開きます。さらに7ページのマニュアルも作成し、納品します」

と念入りに話せばいい。

お互いのピントを合わせるためにも「4W2H」を意識して丁寧に話そう。

CHECK

宣言するなど、誠意を伝える場面では、「4W2H」を意識して話す

5 「あの・この・その」に気をつけて！

すれ違いを生む「こそあど言葉」に注意する

「会議で部長にあの件のこと、話してもらえませんか？」
「ああ、あれか。わかった」

会議後……

「おい！　あの件ってA社の大型案件のことじゃないのか」
「その件じゃありません。庶務のRさんが1週間休んでる件のことですよ」
「そっちの件か。ハッキリ言ってくれよ」

「あの・この・その」は気をつけたい表現だ。「あの柱」「この倉庫」「その資料」と、実物を指して話すのなら問題はない。

しかし、実物がない場合、何を指しているのかをハッキリ言わないと、とたんに雑

になる。

「課長、あのお客様に連絡してもらえたでしょうか？」

「あのお客様って、どのお客様だ？」


「あのメールのおかげで、Yさん、落ち込んでましたよ」

「あのメールって、どのメールなの？」


接続詞と同じで、「こ・そ・あ・ど」の指示詞は、前の文とのつながりを示している。

したがって、「部長がA建設の担当者にした**あの発言**で、すごく仕事がやりやすくなった」

ではなく、

「部長がA建設の担当者に**納期に対するクレームを出してくれた。部長のあの発言**で、すごく仕事がやりやすくなった」

このように「あの・この・その」が指す**具体的な何かをハッキリ話すといい。ハッキリ話したあとに「あの・この・その」を使うのだ。**すると、わかりやすく相手に伝わる。

「あの・この・その」は気をつけたい表現だ。便利だが、連発すると雑な話し方になる。

CHECK

「こそあど言葉は使わない」ぐらいの気持ちで話そう

6 相手の「辞書」をイメージしながら話そう

開発中のソフトでは操作性を高める機能をアサインしました
アサ＋イン？
リソースに関してはこちらの資料に記載してます
どうぞ
リソース？
業界用語はむやみに使わず相手が理解できる言葉に置き換えましょう

専門用語は、相手の知識に応じて使う

「お客様、リードナーチャリングするためには、当社のソリューションが最適です」

「ああ、なるほど……」

「その際のオンボーディングプロセスと、構築スキームはこちらの資料に記載しています」

「はあ」

「何か、ご質問はありますか？　できれば本日中にフィックスしたいのですが」

業界では当たり前に使っている言葉――**業界用語と、次に記す「よく聞くが実は意味がわかりづらいビジネス用語」は気をつけたい。**

・アジェンダ　・アサイン　・アテンド

・イシュー　・イニシアチブ　・エクスキューズ　・エビデンス

・コミット　・コンセンサス　・サマリー　・シュリンク
・スキーム　・ステークホルダー　・タスク　・ナレッジ
・バッファ　・フィックス　・プライオリティ　・ペンディング
・リソース　・ローンチ

外資系、ＩＴ業界、コンサルティング業界などでよく使われるビジネス用語だ。

とりわけＩＴ業界の人が、業界用語とこのようなビジネス用語を組み合わせて話すと、冒頭の会話のようになりやすい。危険だ。慣れている人でないと、かなりわかりづらくなる。

そこで常に意識したいのは、相手の頭の中だ。具体的には「相手の頭の中の辞書」である。

「新サービスをローンチしたあと、どう現場にリソースを配分するか、一緒に考えませんか」

とお客様に言おうとした場合、次のように、いったん立ち止まるのだ。


「『ローンチ』は、お客様の頭の中の辞書にあるか？」

「『リソース』は、お客様の頭の中の辞書にあるか？」

相手が上司なら、

「エビデンスは使うな」

「コンセンサスじゃなくて、合意と言ってくれ」

と指摘してくれる。だが、お客様ならどうか。


「この人の話はよくわからない」

と思われるだけだ。それどころか、

「カタカナ語を使って、マウントをとりたいのか？」と思われてしまう可能性もある。

だから「相手の頭の中の辞書」を意識して話そう。**相手がわかる言葉を選ぶのが、丁寧な話し方だ。**

CHECK

お客様と話すとき、安易に業界用語を使わない

7 話がそれる人、3つの共通点

自由に想像しすぎて、話が脱線する

途中から脈絡のない話をはじめるのが「連想番長」だ。自己チューで強引なので「番長」というネーミングがふさわしい。


「部長に提出してほしい企画書について、今から説明する」

「わかりました。あ、部長といえば、先日ゴルフの話で盛り上がったんです」

「え？」

「部長って夜中にレッスンを受けてるそうですよ」

「ああ、そうなの」

「余談ですけど、私の大学の先輩も夜のレッスン受けてます。ゴルフじゃありませんけどね」

「……」

話がそれる人は、気もそれやすい。

「そういえば」「余談ですけど」と、**話している最中に枝葉のキーワードを拾って連想をはじめてしまうのだ。**

「木」をイメージして話そう

連想番長の特徴は以下の3つ。

・頭の回転が速い
・好奇心旺盛
・気が散りやすい

面白いエピソードをたくさん持っているので、連想して思い出して、ついつい話したくなるのだ。


しかし心配することはない。頭の回転が速いので、コツさえわかればすぐに直せる。

「木」をイメージするとわかりやすいだろう。木は、

「幹」「枝」「葉」

この3つのパーツで構成されている。**このうち「幹」にあたるのが話の論点だ。**今どんなことをテーマにして話しているのか。何が「幹」で「枝」で「葉」なのか。意識して話すことが大事だ。

たまには「枝葉」にそれてもいい。しかし、できる限りはやく「幹」に戻そう。相手から「何の話だ？」と突っ込まれて、「何の話でしたっけ？」と自分で言っているようでは「連想番長」を卒業できない。

「あ、部長に提出する企画書の話でした」

と自分で気づく。迷子にならないよう、話の「幹」を意識しながら話すことが重要だ。

CHECK

話の論点である「幹」に戻して話す意識を持とう

8 主語と述語を近づける

あ　課長！
シバメーカーのシバ太さんが先日シバ犬用のプロダクト提案に来てまして
最初イケすかない感じだったんですけど聞いてみたらなかなかよくて会社に投入してみようかと…
ん…？　シバ…
何だ
もう一度頼む
シバ？
シバ
シバメーカーのシバ太さんが先日シバ犬用のプロダクト提案に来てました
ちなみに最初イケすかないヤツで…
全然頭に入ってこない

念入りに話しすぎると長くなる

「去年訪問したときにはまったく興味を示さなかった千葉の建設会社さんが、今年のイベントに参加した際に名刺交換したんですが、そのときには興味が少しあったような感じで言っていた先方の課長と、今日オンラインで打ち合せをしようということになって、話したところ、一度見積りを出してほしいと言われました」

「な、なんだって？」

「ですから、去年訪問したときにはまったく興味を示さなかった千葉の建設会社さんがありまして……」

丁寧に話すためには、雑にならないよう、念入りに話すことが大事だ。しかし念入りに話そうとすると、どうしても話が長くなる。

それに、サービス精神が旺盛な人ほど、いろいろと話したくなるものだ。

一文を短く話す秘訣とは？

とはいえ、少しぐらい話が長くなってもいい。一方的に5分も10分も話すのならともかく、わかりやすい話し方さえすれば、聞き手は長く感じないからだ。

ポイントは1つだけ。主語と述語を近づけるのだ。そうすると1つの文が短くなる。

- **話は長くてもいい**
- **一文は短いほうがいい**

この2つを頭に入れて、丁寧に話してみよう。たとえば、こうするのだ。

「ある千葉の建設会社さんがあります。その建設会社さんは、去年訪問したときには当社に興味を示してくれなかったんですよね。ところが、今年のイベントで名刺交換したときには興味を少し持たれているようでした。なので先方の課長と、今日オンラインで打ち合わせをしました。そこで当社の商品を提案したところ、一度見積りを出してほしいと言われたのです」

焦って話そうとすると、どうしてもダラダラと一文が長くなってしまう。なので、一つ一つ順を追って話そうとすればいい。

雑にならないように、雑にならないようにと心がければ、自然とわかりやすい話し方になる。

CHECK

主語と述語を近づけて話すと、わかりやすい

9

「結論ファースト」で話そう

「結論を後回し」にすると、脇道にそれやすい

「……結局、相手の技術部長が言うには、当社の商品の価格に問題があると言ってきてですね。そこで私は『お言葉ですが、部長』と言い返してしまったんですね」

「うんうん」

「私はこういう言い返すクセがたまにありまして、以前もそうだったんです。先月でしたか、埼玉の物流会社で、あの、あの会社ってなんて名前でしたっけ？」

「知らないよ」

「あ、申し訳ありません。そこでも品質のことについて指摘されたので、ついつい言い返してしまったんですよね。そういうクセは治さないといけないと思った次第です」

「はあ？」


話が長くなると、話しているほうも迷子になることがある。

「それで結局どうするの？　途中で脇道にそれていって、何が言いたいのかわからないよ」

と言われてしまう。

相手を惹きつけるには、ストーリー形式で話すといい。しかし、**そんなサービス精神が必要がないケースでは、結論ファーストで話していこう。**

「**結論からお話ししますと、**いったん取引を中断したいということでした。理由は当社の価格に問題があると技術部長から指摘されたからです。その背景には……」

このように話せば、話が脇道にそれることはない。

「時系列で話す」のは控える

相手に状況や進捗を報告するときは、時系列で話すべきではない。時系列で話すと、結論をうやむやにしても、何となく話した気になってしまうものだ。

だから以下のような報告をすると、叱られる可能性は高いだろう。

「現状を報告します。昨年から続いています原材料高騰の影響もありまして、現場での価格交渉は困難を極めておりまして、3月からはじまった取引先に対する値上げ交渉も難航している状況です。この状況をなんとか打開したいと思い、対策ミーティングをはじめたのが先月のことでして、いろいろと検討している最中で……」

「それで、どうするんだ？」

「え？」

「先月も同じ話をしただろう？　結論を言いなさい、結論を」

最後に結論を言おうとしているのだが、話の途中で遮られてしまう。結論にたどり着くまでが長いからだ。

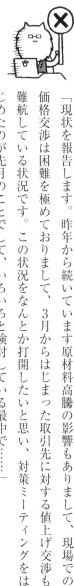

そこで次のように結論ファーストで話してみよう。そうすれば、相手はうんうんと頷いて聞いてくれるだろう。

「現状を報告します。**結論から言いますと、**重要な取引先と値上げ交渉をする際は、本部長に同行していただきたいです。具体的な取引先は資料に記載されている14社です。それでは、この結論に至った背景をお伝えします」

話がそれやすい人は結論ファーストで話そう。時系列で話して相手を惹きつけるのは、カンタンではない。

CHECK

相手に状況や進捗を報告するときは、結論から話そう

10 混ぜるな危険！「たとえ話」はなるべく最後に

主張を先に、たとえ話は後にする

ロジカルに話すときは結論ファースト、エモーショナルに話したいときは結論ラストにしよう。この「スタイル」をごちゃまぜにすると、聞いているほうは頭が混乱する。

次の例文を読んでほしい。

「今年入社したAさんはテキパキ仕事をされますね。この前も、営業Tさんが見込み客のリストを作る際、みずから声をかけて手伝っていました。営業アシスタントに向いていると思います。Tさんがとても感謝していましたね。何より気遣いができます。手際がいいし、思いやりがあるとも言っていました」

わかったような、わからないような、不思議な内容だ。何を伝えたいのか？

・Aさんがテキパキ仕事をされることなのか？
・TさんがAさんを褒めていたことなのか？

・Aさんが気遣いできることなのか？
・Aさんが営業アシスタントに向いていることなのか？
話の前後関係が整理されていないので、わかったようなわからないような感じになる。
相手の主張が、ぼんやりしてしまうのだ。
そこで**結論ファーストで話を組み立て、たとえ話を最後にもってくる。**

「**今年入社したAさんは営業アシスタントに向いていると思います。**テキパキ仕事をされますし、何より気遣いができます。**たとえば**この前も、営業Tさんが見込み客のリストを作る際、みずから声をかけて手伝っていました。Tさんがとても感謝していましたね。手際がいいし、思いやりがあるとも言っていました」

これが結論ファーストの話し方だ。
一方、エモーショナルに話したいときはどうすればいいか？　結論ラストを選んでみる。

「営業Tさんが今年入社したAさんを褒めてましたよ。めったに人を褒めない、あのTさんが。見込み客リストを作るとき、Tさんが困ってたみたいなんですね。その姿を見たAさんがみずから声をかけ、手伝ったそうなんです。Tさんは褒めてましたね……。手際がいいし、思いやりがあるとも言ってました。**だからAさんは営業アシスタントに向いていると思います**」

結論ラストで話す場合は、口調もエモーショナルにしたほうがいい。物語調の話を、淡々と話すと、とても退屈になる。

このように、結論ファーストでいくのか、それとも結論ラストにするのか。どちらか決めて混ぜないように話すことだ。そのほうが、わかりやすく伝わる。

CHECK

結論ファーストか、結論ラストかを選んで戦略的に話そう

11

脱線しない「鉄板レール」①「SDS法」

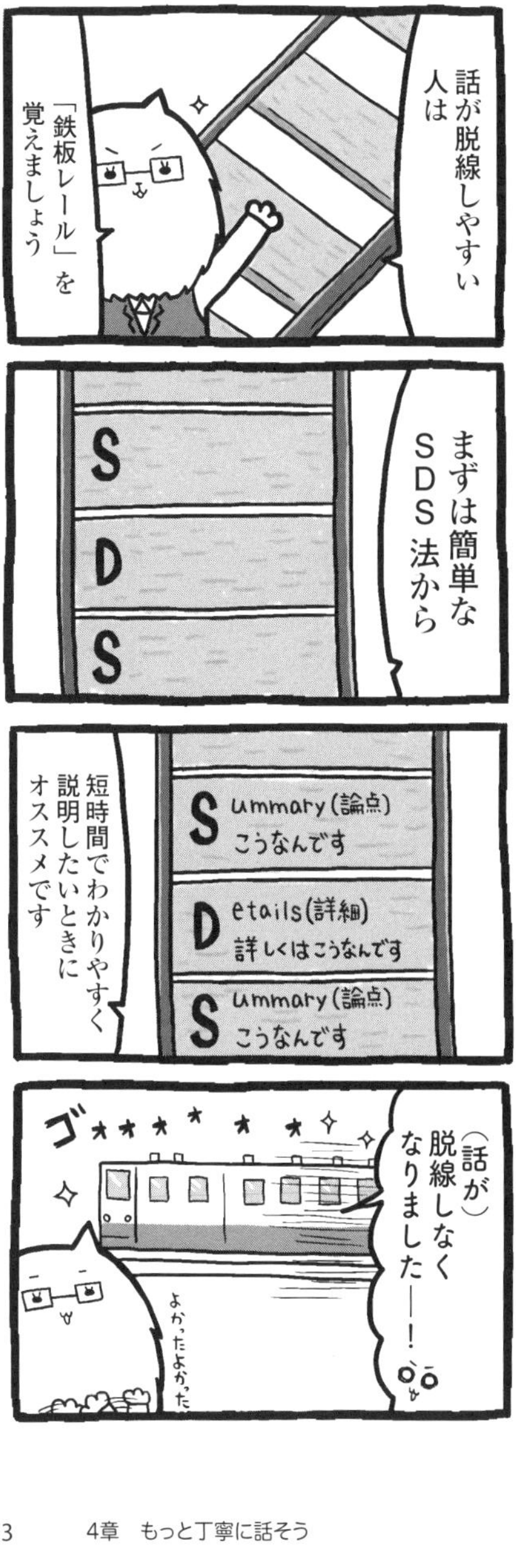

話が脱線しやすい人は
「鉄板レール」を覚えましょう
まずはSDS法から
S
D
S
Summary(論点)
こうなんです
Details(詳細)
詳しくはこうなんです
Summary(論点)
こうなんです
短時間でわかりやすく説明したいときにオススメです
ゴォォォォォォ
(話が)脱線しなくなりました——!
よかったよかった

結論ファーストで話し、最後にもう一度繰り返す

話が脱線しやすい人は、誰かが敷いたレールの上を走るようにしよう。そうすると、カンタンに丁寧な話し方ができる。

話を電車だとたとえる。脱線すると危険だ。だからあらかじめレールを敷いておくのだ。

紹介したいのは、スタンダードな3つの「スタイル＝レール」。「SDS法」「PREP法」「DESC法」の3つ。

まずは最もカンタンなSDS法だ。

SDSとは、次の通りだ。

・Summary（論点）
・Details（詳細）
・Summary（論点）

つまり、

・Summary「こうなんです」
・Details「詳しくはこうです」
・Summary「ということで、こうなんです」

このように覚えればいい。

短時間でわかりやすく伝えたいときに使えるスタイルだ。たとえば**自己紹介、商品紹介に向いている。**自己紹介でSDS法を使うと、こうなるだろう。

「私は、お客様オタクの営業、田中です」⬇Ⓢ論点
「お客様については、会社の歴史、社長の経歴、商品の開発ストーリー、組織図など、ホームページに載っていることは全部覚えます」⬇Ⓓ詳細
「ということで、お客様オタクの営業、田中でした。ぜひ覚えてください！」⬇Ⓢ論点

結論や主張したいことをサンドイッチで挟むことによって、相手に覚えてもらえやすくなる。商品提案では、こんなふうに話せばいい。

「当社のサービスで、御社の通信コストを2割削減できます」 ⬇ S 論点

「ポイントは大きく分けると3つ。プランの変更、使い方の指導、通信状況の管理です」 ⬇ D 詳細

「これら3つのポイントで、御社の通信コストを2割削減できます」 ⬇ S 論点

このようなサンドイッチ構造のスタイルは、話し方の基本だ。結論ファーストで話し、その結論をもう一度最後に繰り返す。この「スタイル＝レール」を敷くことで、話が脱線しづらくなる。

CHECK

ＳＤＳ法は、自己紹介や商品説明をするときにオススメ

12 脱線しない「鉄板レール」②「PREP法」

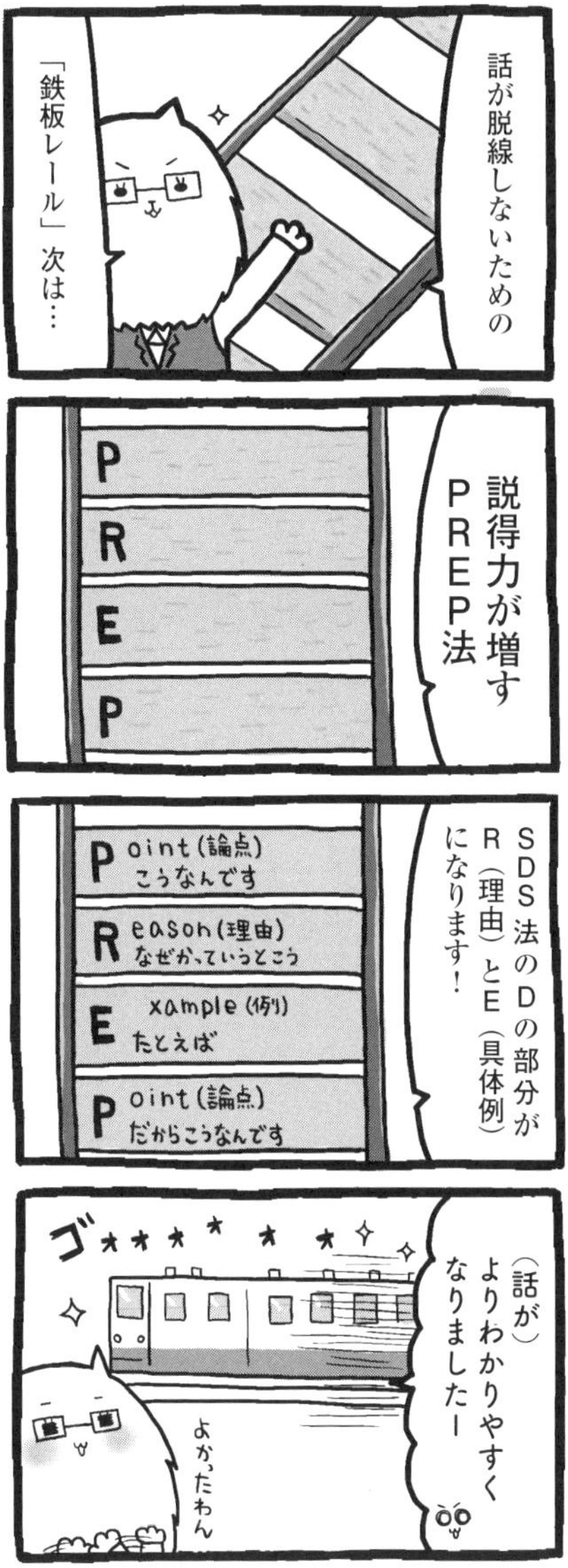

話が脱線しないための
「鉄板レール」次は…
説得力が増す
PREP法
P
R
E
P
SDS法のDの部分が
R（理由）とE（具体例）
になります！
Point（論点）
こうなんです
Reason（理由）
なぜかっていうとこう
Example（例）
たとえば
Point（論点）
だからこうなんです
ゴォォォォォォ
（話が）
よりわかりやすく
なりました－
よかったわん

説明するときに説得力が増す話し方

次にPREP法を紹介する。

PREPとは、次の通りだ。

・Point（論点）

・Reason（理由）

・Example（具体例）

・Point（論点）

つまり、次のように覚えればいい。

・Point　「こうなんです」

・Reason「なぜかというと、こうですから」

・Example「たとえば、こんなこともありました」

・Point　「だから、こうなんです」

SDS法のDetail（詳細）の部分が、Reason（理由）とExample（具体例）に分解されていると受け止めればいい。

説得力ある話し方として、とても有名なスタイルだ。私が最もよく使う話し方の「スタイル＝レール」でもある。事例を交えて話したいとき。**結果報告や悩みの相談に向いている。**

悩みの相談で、例文を紹介しよう。

「私の悩みは、どうしたらお客様の課題を解決できる提案ができるかです」⬇Ⓟ論点

「理由は2つあります。お客様ごとに課題を発見する力が弱い。課題を発見できても解決する方法が思いつかない」⬇Ⓡ理由

「たとえば、先日もJ社へ提案するとき、どんな課題があるかと課長に問われても、うまくアイデアが思い浮かびませんでした」⬇Ⓔ具体例

「このように、どうしたらお客様の課題を解決できる提案ができるか悩んでいます」

⬇Ⓟ論点

ＳＤＳ法は、慣れてしまえば習慣化できる。スラスラと自己紹介、商品紹介ができるだろう。しかし、**ＰＲＥＰ法で話す場合、慣れないうちは事前準備をしたほうがいい。**アドリブで話すためには、日ごろから頭を整理し、いくつかの引き出しを用意しておく必要があるからだ。

いずれにしてもＰＲＥＰ法は、わかりやすく説明するときにはとても使える「スタイル＝レール」だ。ぜひとも日ごろから積極的に使い、慣れておきたい。

CHECK

事前準備をして、頭を整理してから話そう

13

脱線しない「鉄板レール」③「DESC法」

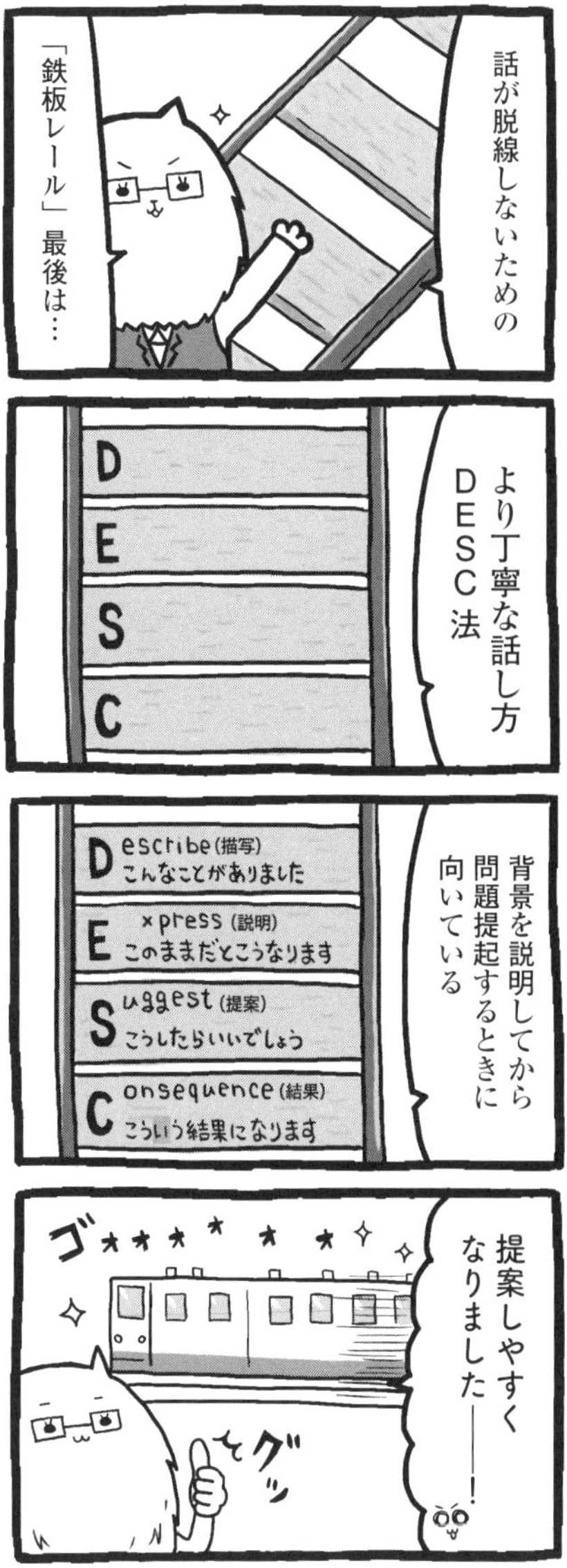

話が脱線しないための
「鉄板レール」最後は…
より丁寧な話し方
DESC法
D
E
S
C
背景を説明してから問題提起するときに向いている
Describe（描写）こんなことがありました
Express（説明）このままだとこうなります
Suggest（提案）こうしたらいいでしょう
Consequence（結果）こういう結果になります
提案しやすくなりました――!
ゴォォォォォォ
グッ

提案するときにオススメなのがDESC法

3つ目はDESC法だ。SDS法やPREP法に比べると、マイナーなスタイル。

DESCとは、次の通りだ。

・Describe（描写）
・Express（説明）
・Suggest（提案）
・Consequence（結果）

つまり、このように覚えればいい。

・Describe　「こんなことがありました」
・Express　「このままだとこうなります」
・Suggest　「こうしたらいかがでしょうか」
・Consequence「こういう結果になります」

比較的ストレートなスタイルのPREP法に比べ、DESC法は若干ソフトタッチ。より丁寧な話し方だ。**背景を説明してから問題提起したいときや、提案に向いている。**

お客様への提案というシチュエーションで、例文を考えてみよう。

「今年、新規採用したアルバイト7人のうち4人が辞めています。昨年までのアルバイトも4人辞めています。3年連続で1人純減という状況です」 ↓ **D 描写**

「このままだとアルバイトの数が減り続け、正社員の負担が増えるばかりです」

↓ **E 説明**

「そこで、アルバイトの採用方法を変えませんか？　当社のサービスを使うことで定着率が高いアルバイトを採用できます」 ↓ **S 提案**

「毎年1人か2人ぐらいアルバイトが純増すれば、正社員の負担も軽くなり、昔から続けているアルバイトが辞めるリスクも減らせるはずです」 ↓ **C 結果**

誰かに提案をするうえで、とてもわかりやすい「スタイル＝レール」だ。このレールの上を走っていれば、脱線しようがない。**PREP法は、最初に結論を伝えるので、相手と関係がしっかりできているときに有効だ。**冒頭から、

「アルバイトを採用するのに、当社のサービスをご提案します。理由は2つあります」といえば、相手に対してストレートに届くだろう。

しかし、それほど関係ができていなければ、外堀から埋めていったほうが安全だ。相手は「え？　いきなり何？」とビックリしない。

このように**「紹介するならSDS法」、「説明するならPREP法」、「提案するならDESC法」と頭に入れておこう。**目的に合わせてレールを選ぶのだ。選んだら、そのレールの上を走ればいい。知らず知らずのうちに話が脱線することはなくなるはずだ。

CHECK

目的に合わせて「3つの話し方」を使い分けよう

5章

「わかってるね!」と評価が上がる

「ダメな質問」「すべき質問」はコレだ!

1

「わかってない」と思われるデメリットは大きい

的外れの質問をすると、信頼を失う

「わかってるね！」は、信頼のバロメーターだ。

相手から「わかってるね」とたまに言われるのなら信頼されているが、反対に「わかってないな～」と言われるなら、あまり信頼されていない証拠。

一度ならともかく、同じ人から2～3度言われるようなら気をつけたい。

具体的な会話文を使って解説していこう。

システムエンジニアを募集している企業の人事担当に若い営業が訪問し、

同じ　ミスをしても…
あ　間に合わなかったのか
大丈夫
もう少し待ってるよ！
イイヨイイヨ
ありがとうございます
全然ちがう
ガーン
ガルルルル
何!?　間に合わなかった!!
これからもっと早めに報告して

「システムエンジニアを募集されていると聞きました。やはりパソコンに詳しい人がいいですよね？」

と質問した。すると、次のように言い返された。

「パソコンに詳しい人なんて要らないよ」

「え？　でもシステムエンジニアって、パソコンに詳しい人ですよね？」

「君、そんなこともわかってないの？」

「いや、あの……。申し訳ございません」

「システムエンジニアは、お客様のニーズに従ってシステム設計する人だよ」

「あ、そうでしたか」

一度や二度ではない。この営業は、何人かのお客様から

「わかってないね」

「そんなことも、わからないの？」

としょっちゅう小言を言われている。

そのせいか、入社して3年たってもなかなか成績がアップしない。お客様から信頼を勝ち取れないからだろう。

ツボを突く質問で評価が高まる

ところが、**質問のコツを覚えてからは状況は一変した。**

「さすが、わかってますね」

「若いのに、わかってるじゃないですか」

とお客様に感心されるようになった。社内からも

「あいつはわかってる」

「あの世代でいちばんわかってる営業は、あいつだ」

と噂が立つようになった。

では、どんな質問をすると「ズレてる」「わかってない」と思われるのか？　5つの代表例を見ていこう。

CHECK
どんな質問をするかで、評価が決まる！

2 避けたい！5つの「ズレ質問」

「ズレ質問」をすると致命的！

「最近、採用難の時代ですから、もちろん採用で困ってますよね？」

「いや、そんなに困ってませんが」

「建設業界って、若い人、入りたがらないじゃないですか」

「わかってないな〜　キミは。建設業界だから不人気って誰が決めたんだ？」

「え！」


ビジネスパーソンにとって「質問力」はきわめて重要なスキルだ。お客様や上司から

避けたい「５つのズレ質問」とは？

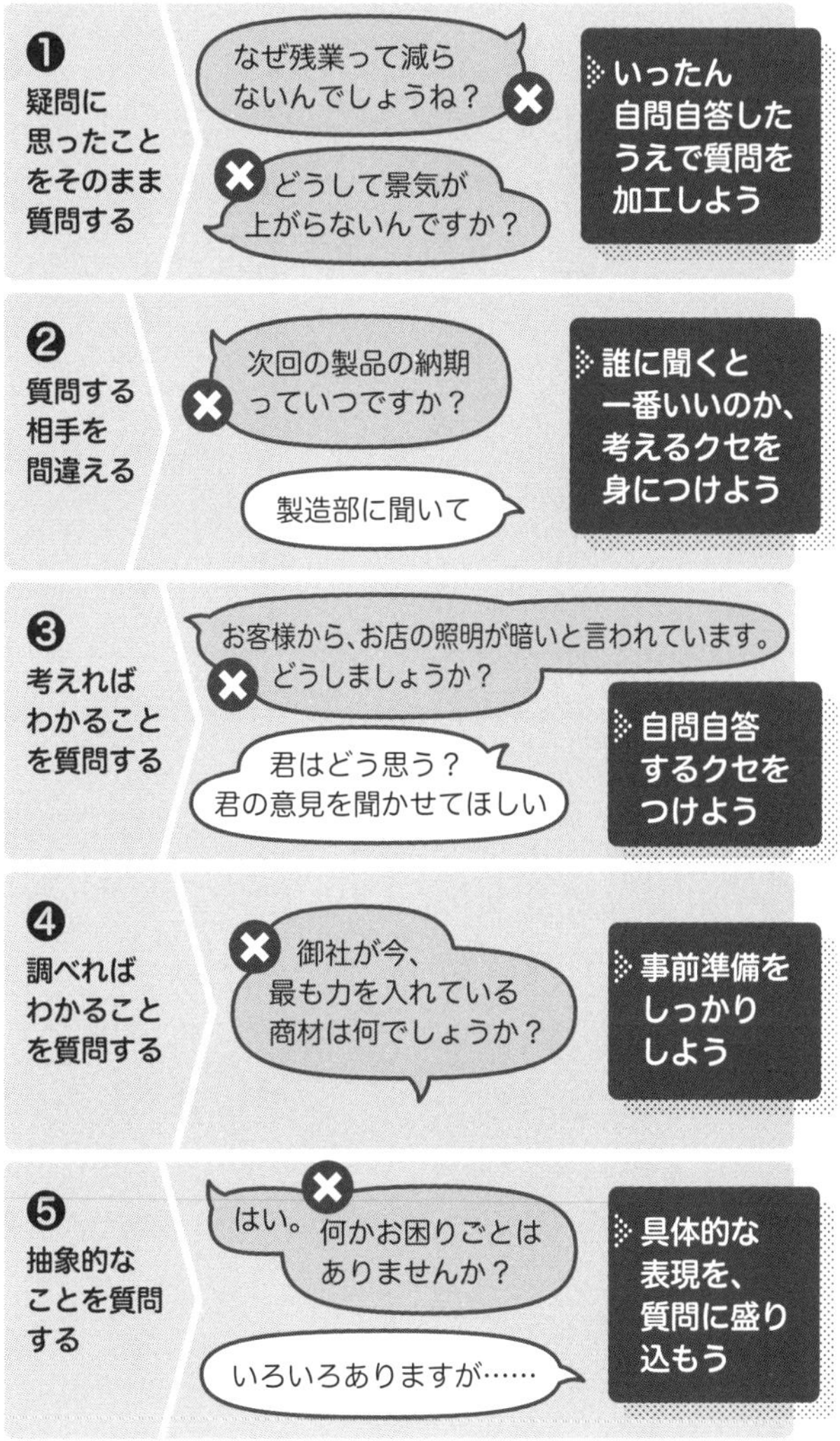
❶
疑問に思ったことをそのまま質問する
なぜ残業って減らないんでしょうね？
どうして景気が上がらないんですか？
いったん自問自答したうえで質問を加工しよう
❷
質問する相手を間違える
次回の製品の納期っていつですか？
製造部に聞いて
誰に聞くと一番いいのか、考えるクセを身につけよう
❸
考えればわかることを質問する
お客様から、お店の照明が暗いと言われています。どうしましょうか？
君はどう思う？君の意見を聞かせてほしい
自問自答するクセをつけよう
❹
調べればわかることを質問する
御社が今、最も力を入れている商材は何でしょうか？
事前準備をしっかりしよう
❺
抽象的なことを質問する
はい。
何かお困りごとはありませんか？
いろいろありますが……
具体的な表現を、質問に盛り込もう

絶大な信頼を勝ち取るためには、

「わかってるね！」

「わかってるじゃないか」

と思われることが重要。そのためには「いい質問」をすることだ。**ところが、質問力がないと印象はとても悪くなる。**

それではここから「ズレ質問」を5つ紹介する。

①疑問に思ったことを「そのまま質問する」

「課長、なんで売上が上がらないんでしょうね？」

「え？　なんで？」

「いや、どうしてかなと思いまして」

「突然、何を聞いてくるんだ」

このように、パッと思い浮かんだことを、そのまま聞いてしまう人がいる。「どうして空は青いんだろう?」「なぜ飛行機は落ちないんだろう?」と同じ感覚で質問してしまうのだ。当然、相手は戸惑う。

「なんで残業は減らないでしょうね?」
「どうして景気が上がらないんですか?」
「また部長が怒ってましたが、何が不満なんですかね?」

このような質問をされても、「なんでって聞かれても……」「そんなこと聞くな。私だってわからないよ」と、反応されるだけだ。

そもそも質問は作るものだ。とくにビジネスにおいては、丁寧に質問を作るクセをつけよう。

だから**頭に思い浮かんだ疑問を、そのままのカタチで質問すべきではない。**

幼児が「なんで？　なんで？」と質問するのと同じように、「疑問そのまま質問」をしてばかりいると、相手から避けられるようになってしまう。

それでは、どうしたらいいのか？

いったん自問自答したうえで、質問を加工してみよう。

「何で売上が上がらないんでしょうね？　新商品が出るたびに一時的に売上はアップしたのに、今回はその兆しが見えませんよね？」

このように質問すれば、相手もそれほど困ることはないだろう。

「ああ、その件は理由がハッキリしてるよ――」と答えやすくなる。

②「質問する相手」を間違える

続いては、聞く相手を間違えている質問だ。

「コンビニで書類のコピーをとろうと思うんですけど、どうしたらいいのでしょうか?」

「なんで俺に聞くの? その場で店員さんに聞けばいいじゃん」

質問する相手を間違えると、「それ、私に聞くこと?」と言われる。

「課長、企画会議のダンドリをしてくれと部長に言われてます。どうしたらいいんですか?」

「部長に聞けよ」

「次回の製品の納期っていつですか?」

「製造部に聞いてみて。私に聞いてもわからないよ」

「聞く相手を間違えている質問」は、質問する相手を変えればいいだけだ。「疑問そのまま質問」のように、誰に聞いても答えをもらえないような質問ではない。

だから、「私に聞かないでよ」と言われるのは救いがある。**最悪なのは間違った答えを教えられてしまうことだ。**

「次回の製品の納期っていつですか?」
「わかんないけど、来週の金曜日かな」
「ありがとうございます。来週の金曜日ですね」

こうなると問題は大きくなってしまう。**聞きやすい相手ではなく、いつも誰に聞くと一番いいのか、考えるクセを身につけよう。**

③「考えればわかること」を質問する

「お客様から、お店の照明が暗いと言われています。どうしましょうか？」

「君はどう思う？　君の意見を聞かせてほしい」

「えっと、私は……」

「間違ってもいいから、まず自分で考えてから質問してほしい。そのほうが君もいいだろ？　君自身の成長にも繋がるから」

「よく考えたらそうでした」


3つ目は「考えればわかる質問」だ。


「言われてみればそうですね」

「よく考えたらそうでした」

こういう口グセがある人は、気をつけよう。考える習慣が足りないのかもしれない。

質問する前に、自分で考えればわかることかどうか。自問自答するクセをつけよう。

④「調べればわかること」を質問する

次は「調べればわかる質問」だ。「考えればわかる質問」とよく似ているが、こちらのほうがハードルは低い。


「来週お客様のところへ訪問しますが、何の準備をすればいいでしょうか？」

「何を準備すればいいって、ちょっと考えればわかるだろ」

「言われてみればそうですね」

これが考えればわかる質問だ。それとは別に、調べればわかる質問はこうだ。

「来週訪問するお客様の従業員数って何人でしょうか？」

「それぐらい自分で調べてよ。ちょっと調べればわかるでしょ」
「言われてみればそうですね」

考えてもわからないことはたくさんある。経験が足りない。知識が不足していると、うまく考えられないことはある。

しかし調べればわかることは、調べておこう。お客様に対してもそうだ。「御社が抱えている課題は何でしょうか？」と質問するならともかく、

「御社が今、最も力を入れている商材は何でしょうか？」

と質問したら、マズい。

「ホームページもチェックせずに当社に来たんですか？　ホームページや当社のパンフレットを見たら、それぐらいわかると思いますが」

とダメ出しされる可能性がある。**事前準備をしっかりしておこう。**

⑤「抽象的なこと」を質問する

「最近、いかがでしょうか？」

「え？　最近ですか？」

「はい。何かお困りごとはありませんか？」

「お困りごと、ですか……。いろいろありますが」

「ぜひお聞かせください」

「そう言われましても、何を答えたらいいか……」


５つ目は「抽象的すぎる質問」だ。**「ぼんやり」した質問だと焦点がぼやける。**なので、

「何を答えたらいいわけ？」

と相手は思うのだ。だから、

「まあ、ボチボチですね」

とぼんやり答えられてしまう。しっかりと**具体的な表現を、質問に盛り込もう。**

「先月17日に展示会に出品されていましたが、いかがでしたか?」

こう質問したら、しっかりとピントが合う。ズレることはない。

「ああ、先月の展示会ですか。けっこう人が集まったんですが、狙ったお客様が少なかったですね」

このように、相手も答えやすいだろう。

5つの「ズレ質問」を紹介した。事前に「作る」ことを意識して質問すれば、ズレた質問にはならない。ポイントを押さえてしっかり準備しておこう。

それでは、どのように準備すべきか、細かく解説していく。

CHECK

5つの「ズレ質問」をやめれば、質問力が上がる!

3 2つの「イチオシ情報」とは？

こんな情報収集が信頼につながる

「よくわかってるね。専務がOKと言えば、部長は何も言えないだろうから」

このように、「よくわかってるね」「わかってるじゃないか」と相手に思われるようになると、絶大な信頼を寄せられていると言っていい。認められるし、困っていたらいろいろと教えてくれるようになる。

そのためには、**まず会社、部署、商品の知識や情報を押さえておこう。**イチオシ情報は次の2つだ。

①基本知識 ➡ ほとんど変わらないもの
②最新情報 ➡ 刻々と変わるもの

この2つを押さえておけば、まず大丈夫だ。

「新しく商品を開発されたそうですね？ いかがですか、反響は？」

「よくご存じですね。けっこう反響がいいですよ」

お客様ともこのような会話ができる。

CHECK
訪問するときは「①基本知識」「②最新情報」のどちらも押さえよう

4 いい質問ができる「基本知識」はこの3つ

まずは調べればわかる情報を収集する

前述した通り、**まずは「①基本知識」を押さえておこう。**
これらを押さえることで一目置かれるようになる。

たとえば自分が働いている「会社」のことを、どこまで知っているだろうか？
営業なら取引しているお客様についてもそうだ。
次の点は押さえておきたい。

「調べればわかる情報」を収集しておく

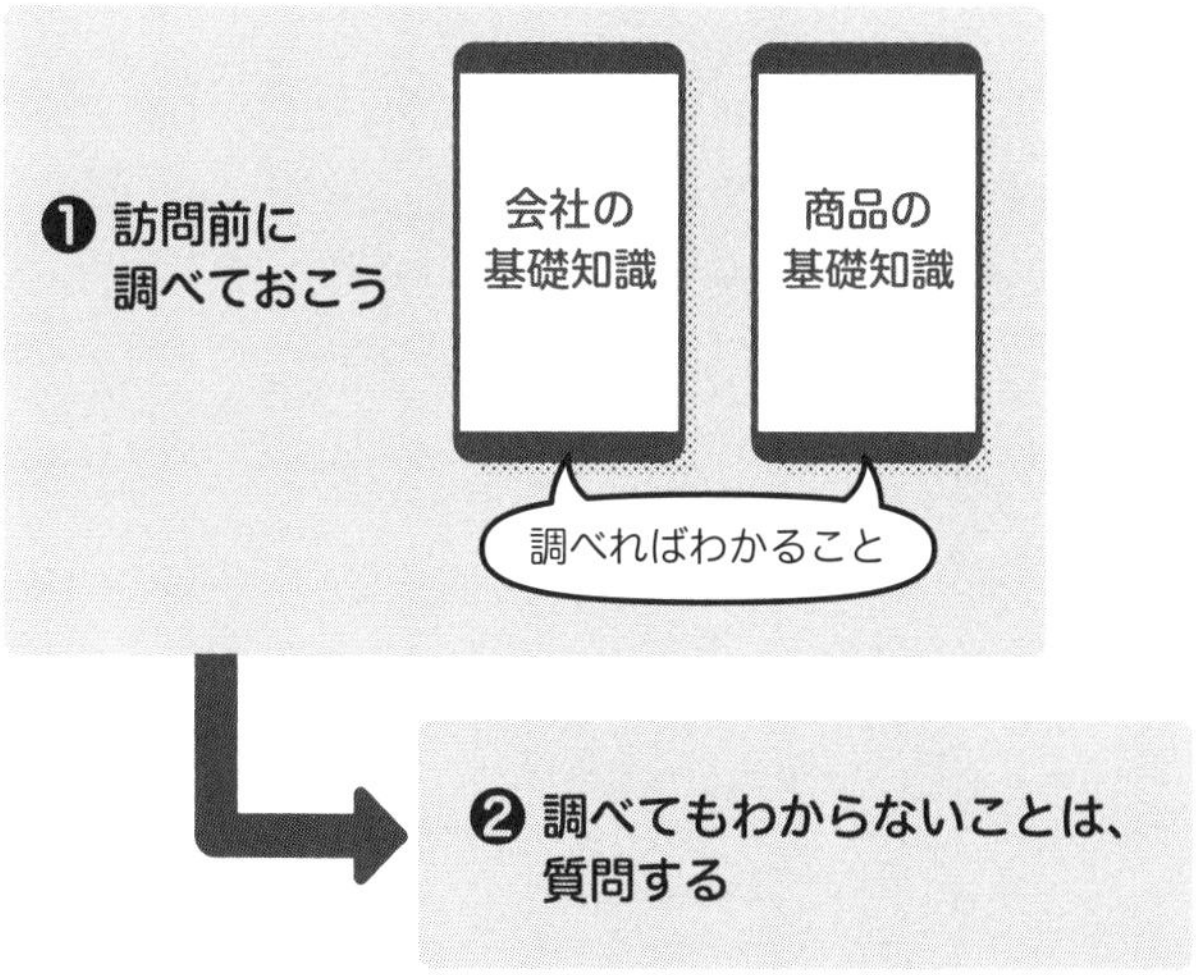
❶ 訪問前に調べておこう
会社の基礎知識
商品の基礎知識
調べればわかること
❷ 調べてもわからないことは、質問する

【会社の基本知識】（自社、お客様）

・沿革、歴史
・理念、ビジョン
・社長の考え、価値観
・役員や主な管理者の名前
・組織図

次に「商品」についてだ。自社の取扱商品についてはもちろんのこと、お客様が販売している商品についても基本的なことは押さえておこう。

【商品の基本知識】（自社、お客様）

・商品ラインナップ

・主力商品名　・商品の開発ストーリー
・商品の特徴や機能　・どんなお客様の課題を解決するか等

3つ目に「個人」だ。先輩や上司、お客様個人に対しても基本知識は押さえておこう。そうすれば心をつかめるようになる。

【個人の基本知識】
・名刺情報（姓名、役職、所属先等）・仕事内容
・スキル、資格・家族構成・趣味等

これらの基本知識は、さらに次の2つに分けられる。

①調べればわかること
②質問すればわかること

したがって、WEBサイトやSNSの情報、会社案内やパンフレットなどがあれば、

それらの媒体を通じて情報収集しよう。ここまで押さえている人は少ないので、きちんとやっていれば必ず、「わかってるね！」と評価されるようになる。

なお調べてもわからない情報は、「②質問する」のだ。

「もし可能であれば、御社の主力商品であるAの開発ストーリー、ぜひ教えてもらえませんか？　ホームページをくまなく探したんですが、どこにも掲載されていなかったものですから」

こう質問すれば、「ああ、それだったら技術課のTさんが詳しいから、Tさんを紹介するよ」と教えてくれるだろう。そうやって、必要な基本情報を集めていくのだ。

CHECK

調べればわかる情報を収集してから、わからないことを尋ねよう

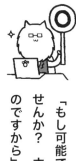

5

「情報収集」のテクニックを知っておこう

「自社の情報」も漏れなくチェックする

「課長、来月に展示会があるんですか?」

「え、知らなかったのか?」

「お客様から言われて、初めて知りました」

「おいおい。自分の会社のことぐらい、ちゃんとチェックしろよ」


意外と自分の会社のこともわからないものだ。

だから、**会社、商品、個人の基本知識を押さえたら、それらの最新情報を随時集めて**

おこう。感度を高め、アンテナを張るだけでいい。

これも同じく次の2つに分けられる。

①調べればわかること
②質問すればわかること

WEBサイトやSNS、社内の掲示板などがあれば、それらも随時チェックしておこう。

会社であれば、オフィシャルサイトの更新情報、SNSを使って情報を発信しているのなら、それらのタイトルぐらいは押さえておく。

最新情報はこうして調べる

イベントや新商品、キャンペーン、パブリシティ情報などは定期的にチェックする。


パブリシティの情報はけっこう見逃しやすい。

できたら地元紙なども確認しておこう。

お客様に、

「御社のことが新聞に掲載されていましたね」

と言われて、

「え？　そうなんですか？」

と口にしてしまうと、

「自社のことも知らないなら、当社のことなんてもっと関心がないだろう」

などと受け止められてしまう。

会社の人やお客様の情報も集めよう

上司や先輩、お客様の個人に関しても、適度に情報収集をしよう。上司の娘さんが風邪をひいたという話を聞いたら、

「娘さん大丈夫ですか？　この業務は私がやりますから、早めに帰宅されたらいかがですか？」

などと言える。上司は確実に「いい奴だ」と思うだろう。

お客様の所属先が変わったというのなら事前情報を集めて、このような質問ができる。

「今度の部署は、たしかK支社長の直属ですよね？　けっこう厳しい仕事が多いんじゃないですか？」

「わかってるじゃないですか」

「うちの部長が言ってたんです。Ｋ支社長は仕事に厳しい人だって」

「そうなんですよ〜。でも頑張るしかありません」

「サポートできることなら何でもやりますので、いつでも言ってください」

基本知識を押さえ、最新情報もしっかりキャッチアップしておく。そうすれば「さすがだな」と思われるようになるものだ。

CHECK

自社情報にもアンテナを張ることで、コミュニケーションが円滑になる

6 知らないと恥ずかしい！質問の3大機能

コレを押さえれば、質問力がアップする

「ズレ質問」をしないためには、質問の3大機能を押さえておくといい。機能を押さえながら質問することで、自ずと質問力がアップし「わかってるね！」と言われる可能性も高まる。

質問の3大機能とは次の3つだ。

①知らないことを知る

②相手に考えてもらう

③相手の頭を整理する

とくに「③相手の頭を整理する」という質問の機能は覚えておくべきだ。

私が駆け出しのコンサルタントの頃、こんなことがあった。お客様の営業部長と打合せをしていたときのこと。

「このプロジェクトは、誰がリーダーですか?」

「部長の私がリーダーだよ」

「プロジェクトリーダーはいつも部長ですか?」

「え? そうだが」

「それは、なぜですか?」

「え? なぜ? そりゃあ私が部長だからだよ」

「御社は、部長がプロジェクトリーダーをすると決まってるのですか?」

「いや、そうじゃないけど」

質問の「3大機能」とは？

❶ 知らないことを知る

ある程度、
見当がつく場合

この稟議書は、
まず部長にお持ちした
ほうがいいですか？

見当がつかない
場合

この稟議書は、
まず誰にお持ちした
ほうがいいですか？

❷ 相手に考えてもらう

関係ができている場合は、
「5W2H」の疑問詞を効果的に使って尋ねてみる

いつ？（When）	「いつまでにやったほうがいいでしょうか？」
誰？（Who）	「これは、誰が喜ぶサービスなんでしょうか？」
何？（What）	「この商品は、何が特徴でしょうか？」
どこ？（Where）	「どこに置いたら一番いいでしょうか？」
なぜ？（Why）	「その事業は、なぜ成功したのでしょうか？」
どのように？（How）	「どのように提案したらいいですか？」
どのぐらい？（How Much）	「それをすることで、どれぐらい増えるのでしょうか？」

❸ 相手の頭を整理する

- 要るものと要らないものとを分ける
- 順番通りに並べる

2つのコツを意識して、質問を繰り返す

「他のお客様では、部長はオブザーバーをやることが多いので疑問に感じたのです」

「じゃあ、誰がリーダーをしてるんだ？」

「だいたい係長とか、若手ですね。経験を積ませるために」

「なるほど……。ああ、そうか。頭が整理できた」


プロジェクトがうまく回っていなかったので、このような質問を部長にぶつけてみたのだ。すると、

「そうだよな。私ばかりがプロジェクトリーダーをしているから、メンバーが育たないんだ。君と話していると、いつも頭が整理できる。本当にありがとう！」

と感謝された。相手に考えさせ、気づきを与え、頭を整理できるようになると、間違いなく感謝されるようになる。質問にはそれぐらいのパワーがある。ぜひそれぞれの機能を覚えて、質問力を身につけよう。

では、「①知らないことを知る」「②相手に考えてもらう」「③相手の頭を整理する」について、1つずつ見ていこう。

①知らないことを知る

質問は、知らないことを知るために使う会話ツールだ。これは質問の基本機能である。

前述した通り、基本知識を押さえ、見当をつけたうえでクローズド・クエスチョン（イエスかノーで答えられる質問）するか、見当がつかないのでオープン・クエスチョンするか（自由に答えられる質問）、そのどちらかを使い分けていこう。

〈ある程度、見当がつく場合〉

「この稟議書は、まず部長にお持ちしたほうがいいですか?」

〈見当がつかない場合〉

「この稟議書は、まず誰にお持ちしたほうがいいですか?」

この2パターンさえ押さえておけば、「知らないことを知る」ことに躊躇することはなくなる。

②相手に考えてもらう

次に相手に考えてもらう機能としての質問だ。相手に少し考えてもらいたいとき、質問することはよくある。そこで「5W2H」の疑問詞を効果的に使ってみよう。

- **いつ？（When）**

（例）「それは、いつまでにやったほうがいいでしょうか？」

- **誰？（Who）**

（例）「これは、誰が喜ぶサービスなんでしょうか？」

- **何？（What）**

（例）「この商品は、何が特徴でしょうか？」

- **どこ？（Where）**

（例）「それは、どこに置いたら一番いいでしょうか？」

・**なぜ？（Why）**
（例）「その事業は、なぜ成功したのでしょうか？」

・**どのように？（How）**
（例）「そのお客様には、どのように提案したのでいいでしょうか？」

・**どのぐらい？（How Much）**
（例）「それをすることで、どれぐらい増えるのでしょうか？」


ただ気をつけてほしいことがある。相手に考えてもらう質問をするには、関係性が大事だ。関係がしっかりできていないと、

「なんで、こんな質問をされなくちゃいけないんだ」

と相手は受け止めてしまう。次の例文を読んでみてほしい。

〈関係がしっかりできていない場合〉

「課長、この会議はどんな意味があるんでしょうか?」

「どんな意味って、そんなこと自分で考えろ」

〈関係がしっかりできている場合〉

「課長、この会議はどんな意味があるんでしょうか?」

「どんな意味って……。そう質問されると、どう答えたらいいか」

「週1回の会議を2時間、年間50回やって、どんな効果がありますか?」

「いい質問だな。そもそもの会議の目的を考え直す必要があるな……」

関係ができていると、相手がその質問を真摯に受け止めてくれる。そして「ちょっと考えてみようかな」と思ってくれるのだ。

そして考えてくれることで相手が新たな発見をすると、とても感謝される。

「君の質問で、会議の目的を最初から考え直すことにした。いい質問をありがとう」

③相手の頭を整理する

前述した通り、質問には「③相手の頭を整理する」という機能がある。意図していなくても、誰かに質問をしていたら

「君のおかげで、なんだか頭が整理できたよ」

と言われたことはないだろうか。何気なく質問するだけでも、相手が自発的に考え、頭を整理するのに役立つことはある。

相手の頭を整理するには、まずいろいろと考えるための質問をしよう。そこで出てきた情報を仕分けしてあげるといい。

「このプロジェクトの目標は何ですか?」

「新商品を開発することだ」

「プロジェクトは、どうなったら終わりですか?」

「社長にプレゼンしてゴーサインが出たら終わりだね」

「いつまでに開発するのですか?」

「いつまで……。うーん、年内には終わらせるべきだろうな」

「あと4カ月ですか？」

「え？　あと4カ月？　いや、もう9月だから、4カ月もないよ」

「社長プレゼンはいつまでにやりますか？」

「そういえば社長は、12月は忙しいはずだった」

「ということは、11月中にプレゼンすべきですか？」

「やばいな。まったく余裕がない」

「11月の社長プレゼンに向けて何をすべきか、確認しませんか？」

「そうしよう、そうしよう！」

コツは2つだ。とりあえず、この2つだけを覚えておけばいい。

・要るものと要らないものとを分ける
・順番通りに並べる

相手が社長であろうと支店長であろうと、関係がない。どんなに偉い人であっても、意外と自分のことはわからないもの。客観的な立場で質問するだけで、相手の頭は整理される。

2つのコツを意識して、質問を繰り返してみよう。偉い人ほど素直に応じてくれ、「いつも君のおかげで頭が整理されるよ」と大きな信頼を勝ち得ることになる。

CHECK
質問の3大機能を踏まえて質問しよう

6章

キーパーソン、重要な人から信頼を勝ち取れる！

ひとつ上の話し方

1 相手が「話したいモード」になるスイッチがある！

スイッチを押すタイミングとは？

キーパーソンや重要人物から絶大な信頼を勝ち取りたいなら、相手から「もっと話したい！」と思われることだ。

そのためには、相手を「もっと話したいモード」に変えるスイッチを押すことだ。

スイッチが入った相手は、あなたのリアクションや質問によって、ダムが決壊したかのように話が止まらなくなるだろう。

では、そのスイッチを、どのようなタイミングで押せばいいのか？

相手が「気づいてくれ」「話したいことがあるんだ」とサインを送っているタイミン

グだ。このタイミングを見逃さなければ、必ず相手は「もっと話したい！」というモードに入る。

相手はサインを送っている

たとえば次の会話文を読んでほしい。若手営業と、先輩主任との何気ないやり取りである。


「主任、奥様が入院されていたと聞きました。もう大丈夫ですか？」

「ありがとう。先週、退院したよ」

「それは、よかったです。心配していました」

「いやあ、これから忙しくなるよ」

「え？　奥様が退院されたのに、ですか？」

「……まあ、家族がひとり増えるからさ」

「え？　あ！　そういうことですか！　おめでとうございます！」

ここである――！

こちらが聞いてもいないことを、相手がそれとなく話しはじめたら、

「気づいてくれ」

「話したいことがあるんだ」

とサインを送っている可能性がある。

だからスイッチを押してみよう！
大げさな表情とオーバーなリアクションを添えて、ドンドン質問して話を促していくのだ。

「はじめてのお子さんですよね？」
「そうなんだよ。すごく不安でさ。まだ先なのに、うちの親も盛り上がってて」
「親御さんにとっては初孫なんですか？」
「そうそう。実は、ここだけの話なんだけどさ……」

このように「ここだけの話」が出てきたら、ダムが決壊したと認識していい。

「ぜひ教えてください。そういう話、好きです」

「いやあ、誰にも言ってないんだけど、うちの親が先週の日曜日に――」

相手が話すエピソードトークが、それほど興味深いものでなくても、しっかりとリアクションをとろう。**演技でいいのだ。**

反応しないと盛り下がる

一方で、もしも相手が「気づいてくれ」「話したいことがあるんだ」とサインを送っているのに気づかずスルーしてしまったら、どうなるだろうか。


「いやあ、これから忙しくなるよ」

「へえ、そうなんですか」

「……まあ、家族がひとり増えるからさ」

「へえ、大変ですね」

「……」


こんな素っ気ないリアクションをすることになる。悪気はないだろうが、主任は、

「妻が妊娠した」

「初めての子どもが来春生まれる」

という話をしたくてウズウズしているのだ。

その期待に応えることで関係は強固になるのだから、何気ない会話からも、そういったサインを見逃さないようにしよう。

それではここから、「もっと話したい！」と思わせる必勝パターンを紹介していこう。

CHECK

相手が送っているサインに気づこう！

2

2つの「必勝パターン」を知っておこう

絶対にスルーしてはならない「冠婚葬祭ネタ」

絶対にスルーしてはいけないサインは、冠婚葬祭に関わることだ。**結婚や出産、死別といったライフイベントは常にチェックしておこう。**

「部長、最近少し痩せましたか？」
「実は最近、肩の荷が下りたことがあってね」
「え？　肩の荷が下りたというのは……」 ➡ トン
「いや、実は、娘が家を出ていったんだ」

「**家を？　ご結婚されたんですか？**」⬇ **トン**

「うん、まあ、そういうことなんだけど……」

「**うわあ！　それはおめでとうございます！**」⬇ **ターン！**

こういうめでたい話には、思い切り「トン・トン・ターン」でリアクションすべきだ。遠慮してはならない。

めったにないことなので、のせればのせるほど相手ものってくる。

「**本当におめでとうございます！**」

「うちの娘をもらってくれる人が現れるなんて、思ってもいなかったよ」

「**寂しくはないんですか？**」

「そうなんだ、意外と寂しくないんだよ」

「**え？**」

「その代わり、うちの妻が元気なくてね」

「そうでしたか。娘さんと仲が良かったんですね」

「うん、いろいろあったんだよ。聞いてくれるか？」

「私でよければ、ぜひ！」

相手が「もっと話したいモード」に入ったら、誰であってもかまわない。話したくて仕方がなくなる。

まだ2回しか会ったことのないお客様だからとか、別の部署の上司だからとか、これまでの関係性なんて気にすべきでない。

決して遮らず、心ゆくまで話をしてもらえるように、全力を傾けよう。

悲しい話も人は聞いてほしがっている

めでたい話だけではない。悲しいことがあっても、誰かに話したいと思う人はいる。

「来週月曜は千葉の実家に戻るから休みをとってます。打ち合わせは別の日でいいです

もっと話したいと思わせる「2つのパターン」

❶ 冠婚葬祭に関わる話

結婚や出産、死別といったライフイベントにまつわる話にしっかりとリアクションしよう

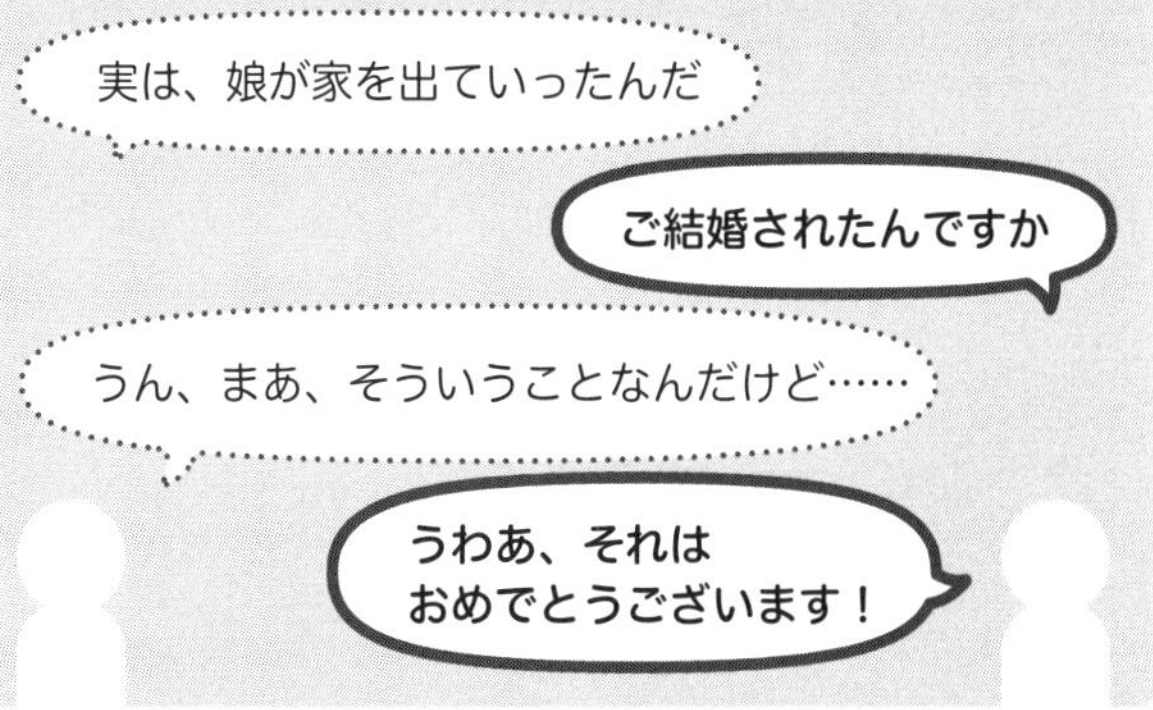
実は、娘が家を出ていったんだ
ご結婚されたんですか
うん、まあ、そういうことなんだけど……
うわあ、それは
おめでとうございます！

❷ 相手の「こだわり」を見つける

日ごろから感度を高めて、言動や身の回りの品などをチェックしよう。自分が詳しくても知らないフリをするのがポイント

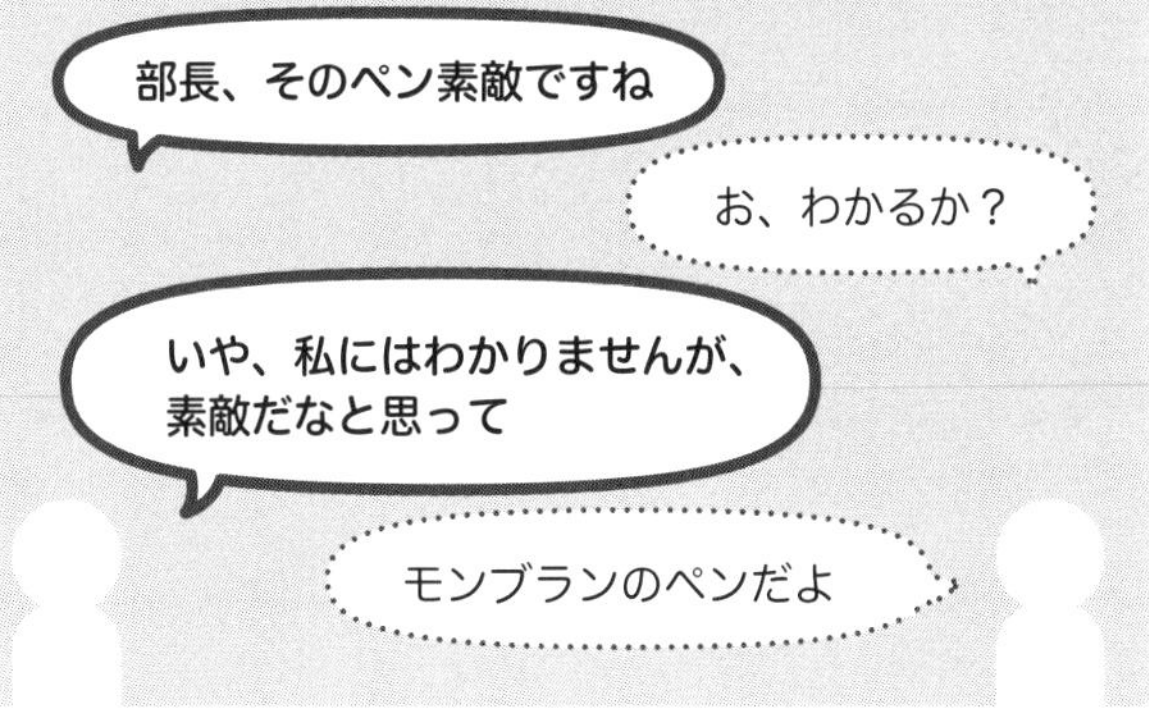
部長、そのペン素敵ですね
お、わかるか？
いや、私にはわかりませんが、
素敵だなと思って
モンブランのペンだよ

か?」

「かしこまりました。実家は千葉なんですね?」

「そう。もう10年ぶりになるかな。実家に戻るのは」

「え、そうなんですか?」

「親といろいろあってね。だけど……」

「何か、あったんでしょうか?」

「いやあ……。3年ぐらいずっと入退院を繰り返していたから」

「まさか」

「もう88歳ですから、長生きしましたよ」

「そうでしたか……」

「実家に戻らなかったのは、実はわけがあってね」


関係性が深くなくても、誰でもいいから話を聞いてもらいたいと思うほど感傷的になっているときはある。

静かにリアクションし、相手が話したいと思う分だけ話をしてもらおう。しっかり「耳を傾けている」という姿勢を見せることが大事だ。

その真剣な表情、態度に相手はとても強い安心感を覚えるだろう。

「こだわり」のサインを見つけよう！

次に注目すべきは「こだわり」だ。**相手の「こだわり」も見逃さないよう、日ごろから感度を高めて、言動や身の回りの品などをチェックしておこう。**

「部長、そのペン素敵ですね」

「お、わかるか？」

「いや、私にはわかりませんが、素敵だなと思って」

「モンブランのペンだよ」

「モンブランって聞いたことがあります」

「大学生のころ、教授が使っていたのを見て、バイト代をはたいて買ったんだ」

「へえ、大学生のときに？」

「そうなんだよ。それ以来、25年近く使ってる」

「すごいですね！」

「メンテナンスがけっこう大変だけど、使えば使うほど味があってね」

「歴史が刻まれてますね」

「このペンでいくつもの商談を乗り越えてきたよ。いろんなエピソードがある」

「ぜひ聞かせてください！」

注目すべき点は「違い」だ。人とは違う「こだわり」を発見していこう。**とくに重要なポジションにつく人ほど「こだわり」を持っているものだ。**

注意する点は、自分が詳しくても知らないフリをすることである。

「モンブランって知ってるか？」

と聞かれ、よく知っていたとしても語ってはいけない。

「名前は聞いたことがあるだけです。教えてください」

と言ってみるのだ。相手はそのほうが気分よくなり、

「じゃあ、私が教えてあげよう」

と言いたくなる。このようなセリフを相手に言わせたら、いくらでも話は盛り上がる。

職業柄、私は多くのトップセールスを見てきた。カンのいい彼ら、彼女らは、こういった「こだわり」をすぐに発見する。

一瞬で心をつかんだ営業の言葉

ある保険営業が、お客様とはじめて交渉をする際、こんな質問をしていた。

「FCバルセロナのファンですよね？　ブスケツ選手ってスゴいですよね？」


その質問に、お客様は大変喜んでいた。

「キミ、わかってるじゃないか。メッシもイニエスタもいいけど、やっぱりバルサはブ

スケツなんだよ」

一瞬でお客様の心をつかんだ保険営業は、その場ですぐに契約を勝ち取った。

事前にSNSをチェックし、このお客様が子どもにセルヒオ・ブスケツのユニフォームを着せている写真を見たそうだ。その情報を事前に掴んでいたから、こんな質問ができたのだ。

普通と違うところ、**常識とのズレに注目するのだ**。

そのためには前提として、普通、常識、王道を常日ごろから知識として得ておこう。

周りに理解者がいない分、「君とは話が合うなァ」と思われるに違いない。

CHECK

人とは違う「こだわり」を探し、それとなく聞いてみよう

3 「何でも話してもらえる」3つの極意

「ここだけの話」をしてもらえるのが理想

「新商品、ついに今月発売ですね？」

「そうそう」

「今回は、いつも以上に力を入れていませんか？」

「そうなんだよ。実はここ、だ、け、の、話、な、ん、だ、け、ど、社長がね……」


最初会ったときは、口数が少なかった相手が、自分だけに「ここだけの話」をしてくれるようになった。こんな経験はないだろうか？

同僚には話せないようなことを、取引先の営業には話す。意外に思う人もいるだろうが、珍しいことではない。「何でも話してくれる」間柄になっていれば、年齢や肩書など関係がない。「ここだけの話」もしっかり話してくれるようになる。

それでは、**あまり話さないような人、口数の少ない人と、そのようないい関係を作るには、どうしたらいいのだろうか？**

そのための「3つの極意」を紹介する。どんな相手であろうが、「何でも話してくれる」ための質問テクを身につけよう。

極意①「唯一無二のこと」を質問する

口数の少ない人と仲良くなるには、まず相手のことを知る努力をしよう。ただ、一般的によく使われる次の二大質問を、私はオススメしない。

「趣味は何ですか?」

「週末は何をされてますか?」

理由はカンタン。ほとんどの人がパッと答えられないからだ。たとえば、「趣味は何ですか?」と質問して、

「趣味といったら釣りですね。釣りのことしか考えてません」

このように即答する人は、どれぐらいいるだろう? おそらくは少数派だ。大多数の人からは、次のように「ぼんやり」と返されてしまう。

「趣味と言われましても……。昔はバイクが好きでしたが、子どもが小さいので……」

「週末はいろいろですね。子どもがサッカーをやっているので、送り迎えしたり、親戚が家に来たり、仕事をしたり、料理したり……」

「ぼんやり」と話されたら、こちらも「ぼんやり」としか返せない。こんなやり取りしかできないのなら、「何でも話せる間柄」になるのは難しい。

だから、**まずは相手が「答えやすい質問」をしよう。ポイントはたった1つ。唯一無二のことを尋ねればいい。**

例を挙げよう。「場所」「過去」「時間」「名前」は、いくつもない。1つしかないはずなので、答えやすい質問を作りやすい。いくつか質問例を書き出してみよう。

「現在の職場はどこにあるんですか？」

「千葉の駅近くです」

口数が少ない人が話すコツ

❶ 唯一無二のことを質問する

〈相手が「答えやすい質問」をする〉

この仕事をはじめて何年ですか？

所属先は何という名前ですか？

❷ コンパクトな質問を心がけよう！

職場はどちらですか？

富山駅に近いのですか？

❸ 3 ～ 5 回に分解した質問をする

〈3 ～ 5 回は同じテーマで質問してみる〉

どんな料理がお好きですか？

へえ、コッテリしたものですか。
たとえば中華料理とか、ですか？

お好み焼き！　いいですね。
どんなお好み焼きだったんですか？

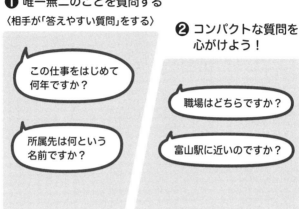

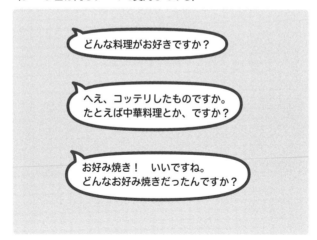

「どちらにお住まいですか?」

「木更津ですね」

「この仕事をはじめて何年ですか?」

「もう8年ですかねー」

「所属先は何という名前ですか?」

「営業企画部です」

「ご家族は何人ですか?」

「夫と子ども2人で4人です」

家族のことも積極的に話してくれそうなら、「お子さんの名前」や「お子さんの年齢」なども聞いていい。そうすることで、だんだんと「場」が温まってくるものだ。

例えば、

・出身地　・出身大学　・お住まい　・職場の所在地　・所属先

・職場の人数　・いつから今の仕事を始めたか　・この会社に入って何年か

・年齢　・家族構成　・お子さんのお名前　・お子さんの年齢

こうした点について尋ねてみよう。

極意②「コンパクトな質問」を心がけよう

次に気をつけたいのは「コンパクトな質問」を心がけることだ。口数の少ない相手と話をする場合、とくに気をつけよう。たとえば、次のように短く質問してみよう。

「職場はどちらですか？」

「富山の営業所です」

「富山駅に近いのですか？」

「駅から徒歩5分ぐらいですね」

「営業所には何人いらっしゃるのですか？」

「たしか、30人ぐらいだと思います」


物足りないぐらいにコンパクトな質問をしよう。**20文字程度におさめるのだ。**

質問が長いと、リズムが悪くなるし、相手の話す量が相対的に少なくなってしまう。

悪い例を紹介しよう。


「職場はどちらですか？」

「富山の営業所です」

「富山なんですか。私も富山へよく行きましたよ。前の会社が名古屋にあって富山にもたくさんお客様がいたんですよ。富山駅に近いのですか？」

「駅から徒歩5分ぐらいですね」

「へえ。富山駅の近くなら便利でいいですよね。ところで営業所には何人いらっしゃるのですか？　何人いるのかな、と思いまして」

「たしか、30人ぐらいだと思います」

質問する前に自分の意見を言ったり、質問する理由を口にすると質問が長くなる。

その代わり、顔の表情、「トン・トン・ターン！」のリズムやリアクション、バックトラッキングをしっかり意識すればいい。素っ気ない感じにはならない。

一例を挙げておこう。

「職場はどちらですか？」

「富山の営業所です」

「あ、富山なんですね」

「そうです」

「富山駅に近いのですか？」

「駅から徒歩5分ぐらいですね」

「おお、徒歩5分ぐらいですか。近いのですね」⬇ トン

「はい」

「営業所には何人いらっしゃるのですか？」⬇ トン

「たしか、30人ぐらいだと思います」

「ええええ！ 30人もいるんですか。けっこういますね」⬇ ターン！

「そうなんですよね。本社は東京ですが、富山が発祥の地なんです」

「え？ 富山が？ そこを詳しく教えてもらえませんか？」

相手がノッてくれれば、いろいろと「話してくれる」ようになる。そのタイミングで、相手の話の長さに合わせて質問を長くしてもいい。

極意③「3〜5回」に分解した質問をする

「あなたは何歳ですか?」

「32歳です」

こういった唯一無二の質問ならともかく、「どんな料理がお好きですか?」といった抽象度の高い質問は、パッと答えられるものではない。だから、

「どんな料理がお好きですか?」

「どちらかといと、コッテリしたものが好きですね」

「へえ、コッテリしたものですか……」


このように、質問を1回しただけでは期待した答えは返ってこないものだ。**3〜5回は同じテーマで質問するものだと覚えておこう。**


「へえ、コッテリしたものですか。たとえば中華料理とか、ですか？」

「中華もいいですが、最近食べたお好み焼きが美味しかったですね」

「お好み焼き！　いいですね。どんなお好み焼きだったんですか？」

「ソースが濃くて、具だくさんでしたね」

「濃い味が好きなんですか？」

「そうです」

「名古屋名物の味噌カツは食べたことありますか？　けっこう濃いです」

「ああ、味噌カツいいですね」

「今度一緒に食べに行きましょう」

1回の質問だと「コッテリしたもの」としかわからないため、とても「ぼんやり」している。これではピントがズレてしまう可能性があるので、「具体的に？」「たとえば？」を意識しながら質問で掘り下げていくのだ。

唯一無二の質問をすること。コンパクトな質問をすること。同じテーマの質問を何度もすること。 そして丁寧にリアクションすることで、たとえ口数の少ない相手でも会話が盛り上がることは間違いない。

そして「何でも話してくれる」間柄になることだろう。

CHECK

「唯一無二のこと」を「コンパクト」に尋ねよう。3～5回に分けるとなお良い！

4 コレで本音を打ち明けてくれる

相手の情報を調べ、会話に織り込もう

お客様のニーズを正しく捉えたり、仕事を依頼する人の「真の思惑」がわかったりすることは、とても重要だ。相手は確実に、

「キミは本当によくわかってる」

と感嘆してくれるだろう。グッと近い関係になれる。それでは、相手がついつい「本音を話したくなる」には、どう接したらいいのだろうか。

私がオススメするのは「点」と「点」を繋げる話し方だ。背景や前提を踏まえたうえ

で話すことだ。そうすることで、いくつかの「点」を一本の「線」にすることができる。
「線」にすることで、

「アノこととアノことは、ここで繋がっていたのか！」

と理解することができる。会話文を使って解説しよう。

「課長、新しい事業の企画書、私が作ります」

「君が？　ちゃんとわかってるのか？」

「社内報で、部門長が書かれていたコラムを読みました」

「ああ、あれか」

「海外事業が落ち込んでいるため、国内事業のテコ入れが必要だと書かれていました。国内のマーケットに詳しいS課長に相談し、企画を練ります」

「わかってるじゃないか」

部門長の発言や企画の目的、その目的に沿った相談相手など、いろいろな情報を「点」で繋げれば、「ちゃんとわかってるな」と思われる。

「誰にも言うなよ。実は部門長、来年引退されるんだ」

「え！　そうなんですか？」

「そう。だから部門長のためにも、しっかりとした企画を考えてくれ」

「わかりました。部門長が安心して引退できるよう、いい企画を考えます」

「頼んだぞ」

だからこそ、**基本情報や最新情報を押さえ、相手のことを知るための質問を繰り返す。**

そうすると、いろいろな「点」が繋がってくるのだ。

このように「点」で話すのではなく、「点」と「点」を繋げることを意識して話そう。

CHECK

収集した情報を踏まえて質問すると、「よくわかってるな」と思われる

5

「本物の聞き上手」になれる！ただ1つのポイント

「聞き上手」と「なんちゃって聞き上手」の違い

「聞き上手」には、「本物の聞き上手」と「なんちゃって聞き上手」の2種類ある。

本物の聞き上手は、相手から話をドンドンと引き出していく。どのタイミングで、どの引き出しを開けたらいいのか、それがわかっているのだ。

ただ聞くだけではない。会話の主導権を握りながら聞くことができる。そういう人が「本物の聞き上手」だ。次の会話文を読んでもらいたい。

「先日の展示会はどうでしたか？」

「すごくよかった。来場者も多かったよ」

「来場者が多かったんですね？　ブースにもたくさん来られましたか？」

「当社のブースにも、けっこうお客様が来た」

「それはいいですね！　反応はいかがでしたか？」

「反応も上々だった」

「新しい商品を展示されてましたよね？」

「そうそう。でも従来の商品のほうが注目されてたよ」

「そうなんですか？」

「そうなんだよ。意外なアンケート結果だった」

一方、「なんちゃって聞き上手」の人は、これができない。ただ「聞くリアクション」が上手いだけなのだ。

「先日の展示会はどうでしたか？」

「すごくよかった。来場者も多かったよ」

「へえ、そうなんですね」

「当社のブースにも、けっこうお客様が来たかな」

「へえ、そうでしたか」

「反応も上々だった」

「あ、そうなんですね。それは凄いことです」

「うん」

「いやあ、凄いですね」

「なんちゃって聞き上手」の人は、相手が「よく話す人」だと聞き上手になれる。相手がペラペラ話してくれるので、

「ええ～」

「おおお」

「そうですか！」

と相槌を打つだけでいい。自分語りをせず、適度にリアクションするだけで「聞き上手」と呼ばれたりする。しかし相手が「口数の少ない人」だと、とたんに会話がはずまなくなる。

「本物の聞き上手」は、ただ聞くだけでなく、質問しながらリードする。 相手が何に関心を持っているのか。どんな目的でその仕事をしたのか。「点」と「点」を繋げ、相手の心の動きをイメージしながら質問し、会話をリードしていく。

そんな体験を繰り返せば、どんな人とも話が盛り上がって「本物の聞き上手」になれるのだ。

CHECK
相手の心の動きを想像しながら話を聞くと、聞き上手に近づける

6 コレで絶大な信頼を勝ち取れる!

相手に共感できる人は、ここに目を向ける

相手から絶大な信頼を勝ち取るには、**やはり共感が大事だ。**
そのためには相手の感情を知って、その感情に寄り添わなければならない。

感情を知るためには、「2つのカギ」がある。
「ライフイベント」と「デイリーハッスル」だ。
この2つの鍵を頭に入れておけば、共感力がアップすることは間違いない。

①まずは「ライフイベント」に注目！

「ライフイベント」とは、次のような人生の出来事を指す。

・誕生　・就学　・就職　・結婚　・出産
・子育て　・昇進　・転職　・リタイア　・死

あるいは、それほど大きな出来事でなくとも、「新しいプロジェクトを任された」「部署が異動となった」「アパートに引っ越した」といったことでもいい。

このような情報をつかんだら、「やるべきこと」や「やりたいこと」が増える。だから感情が動くことが多い。

その感情の変化をつかまえるのだ。例文を読んでもらいたい。

これが相手の感情を知るのに大切な２つのカギよ
イベント
ハッスル
ライフイベントとデイリーハッスルか…

「今年、お子さんが就職されたそうですね。おめでとうございます。肩の荷が下りたんじゃないですか？」

「そうですね。おかげでやりたいことが増えました」

「え！　何がやりたいんですか？」

「週末だけ大学へ行って、勉強しようと思ってるんです」

「そうなんですか！」

「私は大学に行ってないですから、一度経験してみたいんです」

「どれぐらいの期間、大学へ通う予定ですか？」

「二年間を予定しています」

「スゴいですね〜」

子育てで大変だったり、昇進して嬉しかったり、子どもが巣立ってホッとしたり。相手の感情をイメージして話をすれば、相手は「何でも話してくれる」ようになってくる。**特に年度が変わるタイミングは、いろいろなライフイベントが発生する。この時期は要チェックだ。**

②日々の「デイリーハッスル」に目を向ける

デイリーハッスルとは、日常的な苛立ちごとを指す。

「仕事関係」であれば、

・満員電車がつらい
・顧客からクレームがきた
・上司から小言を言われた
・突然残業を言い渡された
・職場の人から嫌がらせを受けた
・新しい仕事に慣れない

「家庭」での出来事なら、

・夫が家事を手伝ってくれない
・家が散らかっている
・子どもが片づけない
・夕食の準備が面倒だ
・ゴミを出すのを忘れていた

「自分の体」に関することなら

・寝不足だ
・体がだるい
・お腹が空いた
・最近太った

このような、日常のちょっとした出来事がデイリーハッスルだ。

ライフイベントよりも日常的に発生する。だからデイリーハッスルが原因でイライラしていると聞くと、

「そんな些細なことでイライラすんなよ」と周りは言いたくなる。


しかし、**デイリーハッスルによるストレスは、意外と大きいことがわかっている。**

「ライフイベントよりも心身の悪影響が大きい」という調査結果もあるのだ。

こんな先回りが功を奏する

そのため相手の態度や言葉遣いを日々見ていて、

「今日はどうしたんだろう？」

「何かあったのかな」

「あまりそのことに触れないほうがいいかな」

と様子を伺ってみよう。

そして先回りにして手を打つのだ。

「おい！　ちょっと今日は残業に付き合えよ」

「どうされたんですか？」

「聞いてなかったのか。朝礼で部長が言ってだろ、あの仕事をやるんだよ」

「あの仕事はもうやりました」

「え……？」

「部長にも伝えておきました。Wさんと一緒にやって、すでに片づけました」

「部長はなんか言ってたか？」

「いえ、何も」

「お前……」

先輩が朝からカリカリしているようだから、部長に相談して事前に仕事を片付けておいたのである。

「悪いな。朝から不機嫌で」

「いえ。こちらこそ出過ぎたことをしました」

「いや……。本当にありがとう。昨日、些細なことで親と大ゲンカして、朝から気が滅入っていたんだ」

「そうだったんですか」

「これで残業をしなくてよくなった。飲みにでも行くか？」

「いいえ。今日は早く帰られたほうがいいんじゃないですか？」

「そうだな」

「今度、ぜひおごってください」

「キミは、本当に気がきくなあ」


相手の日ごろの所作を観察し、異常値を見つけたら先回りして動く。声をかける。こういうことができると、「気がきくな」と思われる。


特に相手がナーバスになっているときは言葉なんて要らない。態度だけで、「あの人は、わかってる」と思われる。

「気遣いがスゴい」と言われたら１００点満点だ。

「大変ですね」「忙しそうですね」なんて言葉だけでなく、こういう日々の行動が、大きな信頼を勝ち取っていくのだ。

「ライフイベント」はもちろんのこと、ストレッサー（ストレス要因）になりやすい「デイリーハッスル」にも意識を向けよう。

CHECK

「ライフイベント」と「デイリーハッスル」に注目し、先回りしてみよう

おわりに

「仕事がやりにくい」「人間関係がうまくいかない」と感じている人は少なくない。

もし、そう感じていたら、ほぼ100%会話の「ズレ」が原因だ。

ズレの責任は、あなた自身にあるとは限らない。

それどころか、80%の責任は相手にある。

それぐらい思い込んでもいいだろう。


だからといって、相手を責めないでほしい。誰も「ズレ」を修正し、ピントを合わせる教育を受けたことがないのだから。

みんな忙しい毎日を送っている。やるべきことはとても多い。

だから、今のうちに「ズレ」ない会話術を体得しておこう。

本書では「聞き方」「確認グセ」「質問テク」「話し方」等を紹介した。

本書の通りに実践すれば、上司からもお客様からも「絶大な信頼」を得られる。仕事を楽しくこなすことができるようになるだろう。

ひとつ一つ、実践してもらいたい。


最後に、本書の執筆にあたって、上江洲安成編集長をはじめ、すばる舎の皆さまには多大な協力をいただきました。何より編集担当の佐藤由夏さんには、200通を超えるメッセージのやり取りにお付き合いいただきました。その熱意、こだわりがなければ、本書を完成することはできませんでした。この場を借りてお礼を申し上げます。

本書を通じて、読者の皆さんの市場価値を大きく高めることができたら、こんな嬉しいことはありません。

2023年3月
横山信弘

〈著者紹介〉

横山信弘（よこやま・のぶひろ）

株式会社アタックス・セールス・アソシエイツ代表取締役社長。経営コンサルタント。

現場に入り込んで目標を「絶対達成」させることを信条としている。経営者、リーダー研修の他、現場で調整役となり、社員同士のコミュニケーションを円滑にすることで、停滞していた多くの組織を救い、改革を成功させてきた。

NTT ドコモ、ソフトバンク、サントリーなどの大企業から中小企業に至るまで、200 社以上を支援した実績を持つ。15 年間で 3000 回以上の講演、セミナーもこなす。

メルマガ「草創花伝」は、3 万 9000 人超の読者を抱え、YouTube や Twitter など SNS の総フォロワー数も 4 万人を超えている。

ベストセラー『絶対達成する部下の育て方』『絶対達成バイブル』『空気で人を動かす』をはじめ、ほとんどの著書の翻訳版が、韓国、台湾、中国で発売されている。


キミが信頼されないのは話が「ズレてる」だけなんだ

2023 年 3 月 1 日　第 1 刷発行
2023 年 4 月 12 日　第 3 刷発行

著　者――横山信弘

発行者――徳留慶太郎

発行所――株式会社すばる舎

東京都豊島区東池袋 3-9-7 東池袋織本ビル　〒 170-0013

TEL　03-3981-8651（代表）　03-3981-0767（営業部）

https://www.subarusya.jp/

印　刷――中央精版印刷株式会社

落丁・乱丁本はお取り替えいたします

ISBN978-4-7991-1093-5